Guy de MAUPASSANT

CONTES

une édition réalisée par :
Claude ETERSTEIN
Agrégé de lettres modernes

illustrations de Pierre Delvincourt

Collection Texte et Contextes
du Collège au Lycée

MAGNARD

PRÉSENTATION GÉNÉRALE

Ce livre que vous tenez en main, de la collection TEXTE et CONTEXTES, qu'a-t-il donc de spécial ?

CE LIVRE EST PLUS QU'UN LIVRE

UN LIVRE, C'EST

— Un texte, un auteur.
— Le minimum vital, en fait de notes et de références, pour ne pas abandonner dès la troisième ligne.
— Parfois quelques images, pour le cas où vous auriez du mal à voir les choses sous les mots.

CE LIVRE, C'EST

— Un texte, en gros caractères, d'une lisibilité parfaite.
— Des notes nombreuses, situées dans les marges, *à hauteur du mot* qu'elles éclairent.
— Un auteur sur lequel tout l'essentiel vous est dit.
— Le contexte de création et de publication de chaque conte ou récit.
— Des illustrations nombreuses qui ne redoublent jamais le texte, mais vous incitent déjà à l'interpréter — et avec quel humour !

Dans ce livre, vous trouverez aussi des **Contextes** inédits :

ATELIERS DE LECTURE

Ou comment déchiffrer, dépouiller et enfin dominer un texte de sa composition globale à celle de ses phrases élémentaires : toutes les aides techniques pour comprendre ce qui, dans la grammaire, fait le style.

ATELIERS D'ÉCRITURE

Ou comment s'approprier un texte, en le manipulant, en le réécrivant et même en l'oubliant : les mille et une techniques de l'inspiration.

DOSSIERS

Ou comment voir, dans un texte, son **ouverture** : en vous offrant d'autres textes, d'autres auteurs, pour vous inciter à entrer en Littérature.

POUR QUELS LECTEURS ?

Bien sûr, les textes sont choisis dans la gamme de ce qui est lisible par des élèves de tous âges, mais parfois peu au fait des choses littéraires, et les commentaires sont rédigés dans une langue accessible même aux élèves en grande difficulté — avec le soutien du professeur ; bien sûr, ce sont des textes courts — mais complets — que le jeu des contextes permet de confronter à d'autres œuvres passionnantes, mais souvent trop imposantes ; bien sûr, chaque Atelier, chaque Dossier est appuyé de **questions** permettant à tout instant de résumer les connaissances acquises, de les évaluer et de les remettre en chantier.

ÉVALUATION

Et même, vous trouverez ici un *espace de récréation* prolongé par une aire d'**évaluation** portant sur tout l'ensemble de l'œuvre.

Et maintenant, à table : il y a ici un livre à dévorer.

PRÉFACE/OBSERVER POUR ÉCRIRE

Dans la préface célèbre de son roman Pierre et Jean, *Guy de Maupassant résume ainsi l'enseignement essentiel qu'il a reçu de son ami et maître, Gustave Flaubert. Une leçon d'observation pour les apprentis-écrivains...*

Flaubert, que je voyais quelquefois, se prit d'affection pour moi. J'osai lui soumettre quelques essais. Il les lut avec bonté et me répondit : « Je ne sais pas si vous avez du talent. Ce que vous m'avez apporté prouve une certaine intelligence, mais n'oubliez point ceci, jeune homme, que le talent — suivant le mot de Buffon — n'est qu'une longue patience. Travaillez. »

Je travaillai, et je revins souvent chez lui, comprenant que je lui plaisais, car il s'était mis à m'appeler, en riant, son disciple.

Pendant sept ans je fis des vers, je fis des contes, je fis des nouvelles, je fis même un drame détestable. Il n'en est rien resté. Le maître lisait tout, puis le dimanche suivant, en déjeunant, développait ses critiques et enfonçait en moi, peu à peu, deux ou trois principes qui sont le résumé de ses longs et patients enseignements. « Si on a une originalité, disait-il, il faut avant tout la dégager ; si l'on n'en a pas, il faut en acquérir une. »

— Le talent est une longue patience. — Il s'agit de regarder tout ce qu'on veut exprimer assez longtemps et avec assez d'attention pour en découvrir un aspect qui n'ait été vu et dit par personne. Il y a, dans tout, de l'inexploré, parce que nous sommes habitués à ne nous servir de nos yeux qu'avec le souvenir de ce qu'on a pensé avant nous sur ce que nous contemplons. La moindre chose contient un peu d'inconnu. Trouvons-le. Pour décrire un feu qui flambe et un arbre dans une plaine, demeurons en face de ce feu et de cet arbre jusqu'à ce qu'ils ne ressemblent plus, pour nous, à aucun autre arbre et à aucun autre feu.

C'est de cette façon qu'on devient original.

Ayant, en outre, posé cette vérité qu'il n'y a pas, de par le monde entier, deux grains de sable, deux mouches, deux mains ou deux nez absolument pareils, il me forçait à exprimer, en quelques phrases, un être ou un objet de manière à le particulariser nettement, à le distinguer de tous les autres êtres ou de tous les autres objets de même race ou de même espèce.

« Quand vous passez, me disait-il, devant un épicier assis sur sa porte, devant un concierge qui fume sa pipe, devant une station de fiacres, montrez-moi cet épicier et ce concierge, leur pose, toute leur apparence physique contenant aussi, indiquée par l'adresse de l'image, toute leur nature morale, de façon à ce que je ne les confonde avec aucun autre épicier ou avec aucun autre concierge, et faites-moi voir, par un seul mot, en quoi un cheval de fiacre ne ressemble pas aux cinquante autres qui le suivent et le précèdent. »

Guy de Maupassant, Préface de *Pierre et Jean*, 1887.

REPÈRES BIOGRAPHIQUES

1850 : Guy de Maupassant naît le cinq août en Normandie, dans le pays de Caux où il passe son enfance.

1859-1869 : Études d'abord à Paris puis au petit séminaire d'Yvetot, enfin au lycée de Rouen.

1870 : Sous l'uniforme jusqu'en 1871, Maupassant assiste à la débâcle et à l'invasion prussienne.

1872 : Il entre au ministère de la Marine. Il le quittera en 1878 pour celui de l'Instruction publique. Pour échapper à l'ennui de la bureaucratie, il se livre sur la Seine au canotage, à la natation et aux plaisirs de la bohême.

1874-1880 : Flaubert, ami de la famille, guide Maupassant dans ses premiers essais littéraires et lui fait connaître Zola, Daudet, Tourgueniev.

1880 : *Boule de Suif,* paru dans le recueil collectif *Les Soirées de Médan*, rend Maupassant célèbre.

1882 : Parution de *La Maison Tellier*, recueil de contes.

1883 : Parution d'*Une vie*, roman et des *Contes de la Bécasse*.

1884 : Maupassant est atteint de troubles nerveux.

1885 : *Bel-Ami,* roman. *Contes du jour et de la nuit* et *Yvette.*

1887 : *Le Horla,* recueil de contes. Voyage en Algérie.

1888 : *Pierre et Jean,* roman. *La Main gauche,* recueil de contes. Croisière en Méditerranée.

1889 : *Fort comme la mort,* roman.

1891-1893 : Hanté par l'idée de la mort, victime d'hallucinations, Maupassant est traité à Divonne-les-Bains, puis après une tentative de suicide, interné pendant dix-huit mois à la clinique du Docteur Blanche à Passy. Il y meurt le 6 juillet 1893.

CHRONOLOGIE DES CONTES RASSEMBLÉS DANS CE RECUEIL

1881, *Sur l'eau,* paru dans *la Maison Tellier*.

1883, *La Bécasse, La Folle, Pierrot, La Peur, La Rempailleuse, Aux Champs, Saint-Antoine* rassemblés dans *les Contes de la Bécasse*.

1885, *La Parure,* recueilli dans *les Contes du jour et de la nuit.*

1887, *Le Diable,* recueilli dans *le Horla*.

1889, *La Morte,* recueilli dans *la Main gauche.*

LA BÉCASSE[1]

Le vieux baron des Ravots avait été pendant quarante ans le roi des chasseurs de sa province. Mais, depuis cinq à six années, une paralysie des jambes le clouait à son fauteuil, et il ne pouvait plus que tirer des pigeons de la fenêtre de son salon ou du haut de son grand perron.

Le reste du temps il lisait.

C'était un homme de commerce aimable[2] chez qui était resté beaucoup de l'esprit lettré du dernier siècle[3]. Il adorait les contes, les petits contes polissons, et aussi les histoires vraies arrivées dans son entourage. Dès qu'un ami entrait chez lui, il demandait :

« Eh bien, quoi de nouveau ? »

Et il savait interroger à la façon d'un juge d'instruction.

Par les jours de soleil il faisait rouler devant la porte son large fauteuil pareil à un lit. Un domestique, derrière son dos, tenait les fusils, les chargeait et les passait à son maître ; un autre valet, caché dans un massif, lâchait un pigeon de temps en temps, à des intervalles irréguliers, pour que le baron ne fût pas prévenu et demeurât en éveil.

Et, du matin au soir, il tirait les oiseaux rapides, se désolant quand il s'était laissé surprendre, et riant aux larmes quand la bête tombait d'aplomb ou faisait quelque culbute inattendue et drôle. Il se tournait alors vers le garçon qui chargeait les armes, et il demandait, en suffoquant de gaieté :

« Y est-il, celui-là, Joseph ! As-tu vu comme il est descendu ? »

1. bécasse : oiseau échassier migrateur à long bec.

2. de commerce aimable : aimable en société.

3. l'esprit lettré du dernier siècle : l'esprit cultivé du XVIIIe siècle.

Et Joseph répondait invariablement :

« Oh ! monsieur le baron ne les manque pas. »

A l'automne, au moment des chasses, il invitait, comme à l'ancien temps, ses amis, et il aimait entendre au loin les détonations. Il les comptait, heureux quand elles se précipitaient. Et, le soir, il exigeait de chacun le récit fidèle de sa journée.

Et on restait trois heures à table en racontant des coups de fusil.

C'étaient d'étranges et invraisemblables aventures, où se complaisait l'humeur hâbleuse[1] des chasseurs. Quelques-unes avaient fait date et revenaient régulièrement. L'histoire d'un lapin que le petit vicomte de Bourril avait manqué dans son vestibule les faisait se tordre chaque année de la même façon. Toutes les cinq minutes un nouvel orateur prononçait :

« J'entends : "Birr ! birr !" et une compagnie[2] magnifique me part à dix pas. J'ajuste : pif ! paf ! j'en vois tomber une pluie, une vraie pluie. Il y en avait sept ! »

Et tous, étonnés, mais réciproquement crédules[3], s'extasiaient.

Mais il existait dans la maison une vieille coutume, appelée le « conte de la Bécasse ».

Au moment du passage de cette reine des gibiers, la même cérémonie recommençait à chaque dîner.

Comme il adorait l'incomparable oiseau, on en mangeait tous les soirs un par convive ; mais on avait soin de laisser dans un plat toutes les têtes.

1. l'humeur hâbleuse : le goût des propos exagérés.

2. compagnie : groupe d'oiseaux se déplaçant ensemble.

3. crédules : prêts à croire les autres.

Alors le baron, officiant comme un évêque, se faisait apporter sur une assiette un peu de graisse, oignait[1] avec soin les têtes précieuses en les tenant par le bout de la mince aiguille qui leur sert de bec. Une chandelle allumée était posée près de lui, et tout le monde se taisait, dans l'anxiété de l'attente.

Puis il saisissait un des crânes ainsi préparés, le fixait sur une épingle, piquait l'épingle sur un bouchon, maintenait le tout en équilibre au moyen de petits bâtons croisés comme des balanciers, et plantait délicatement cet appareil sur un goulot de bouteille en manière de tourniquet.

Tous les convives comptaient ensemble, d'une voix forte :

« Une, — deux, — trois. »

Et le baron, d'un coup de doigt, faisait vivement pivoter ce joujou.

Celui des invités que désignait, en s'arrêtant, le long bec pointu devenait maître de toutes les têtes, régal exquis qui faisait loucher ses voisins.

Il les prenait une à une et les faisait griller sur la chandelle. La graisse crépitait, la peau rissolée[2] fumait, et l'élu du hasard croquait le crâne suiffé[3] en le tenant par le nez et en poussant des exclamations de plaisir.

Et chaque fois les dîneurs, levant leurs verres, buvaient à sa santé.

Puis, quand il avait achevé le dernier, il devait sur l'ordre du baron, conter une histoire pour indemniser les déshérités.

Voici quelques-uns de ces récits :

1. oindre : enduire.

2. rissolée : grillée.

3. suiffé : enduit de graisse.

LE CHASSEUR DE CONTES

Le conte de *La Bécasse* commence par le portrait du baron des Ravots. Ce chasseur devenu lecteur nous invite à *la chasse au récit*. Soyons vigilants !

1. Le récit qui commence est au passé

— Quels sont les deux temps du passé utilisés dans le premier paragraphe ?

— Relevez les deux compléments circonstanciels de temps qui accompagnent ces formes conjuguées du verbe.

— Caractérisez la séquence temporelle que désigne chacune d'entre elles :

☐ achevée ☐ non achevée (toujours en cours)
☐ délimitée ☐ illimitée.

— Justifiez à présent l'emploi des deux temps du passé que vous avez observés.

2. Le baron des Ravots autrefois *« le roi des chasseurs de sa province »* est maintenant vieux et paralysé. Classez dans le tableau suivant les éléments (l. 1 à 43) qui évoquent :

la vie du chasseur	la vie d'un homme paralysé

— Comment le baron réussit-il à concilier sa passion et son infirmité ?

3. Le baron des Ravots aime tellement la chasse qu'il tire les oiseaux du matin au soir mais il a une autre passion que peut-être vous partagez (c'est ce que Maupassant espère !) : *le goût des contes.*

— Relevez dans l'ensemble du récit toutes les expressions de :

la passion de la chasse	la passion des contes

— Comment se mêlent ces deux passions chez le baron ?

4. Du récit à la dégustation (de la bécasse)

Pour nous inviter à déguster ses contes, Maupassant nous met l'eau à la bouche.

— Relevez au fil du texte des mots ou expressions évoquant **les plaisirs du récit** et **les plaisirs de la table**. Classez-les en deux séries.

— Le conteur parle de l'*« humeur hâbleuse des chasseurs »* :

- quel adjectif dans la liste suivante est synonyme de « hâbleur » ?
  bavard - loquace - volubile - verbeux - cancanier - fanfaron - phraseur - babillard - bilingue - laconique - polyglotte ;
- chassez l'intrus : quel adjectif répond dans la liste précédente à la définition : *« qui parle peu »* ;
- faites apparaître les nuances de sens entre les autres adjectifs en les employant dans des contextes différents.

— Précisez le sens des expressions suivantes :

un beau parleur - parler comme un livre - parler d'or

— Le vieux baron *« adorait les contes »* et aussi *« les histoires vraies arrivées à son entourage »* :

- en quoi ces deux types de récit s'opposent-ils ?
- relevez, dans la deuxième partie du texte, deux expressions qui montrent que les chasseurs glissent insensiblement de la réalité à la fiction en faisant le récit de leurs exploits ;
- relevez cinq expressions qui décrivent les attitudes, réactions et impressions de ceux qui écoutent le récit.

— Avant de dévorer « la bécasse », il faut savoir l'écouter : « birr ! birr ! ». Voilà une **onomatopée**, c'est-à-dire un mot qui imite le son de l'objet qu'il représente (ici le cri de l'oiseau).
Relevez l'autre onomatopée qui apparaît dans le texte. Quel est le rôle de ces onomatopées dans le récit ?
Recherchez d'autres onomatopées qui imitent des cris d'oiseau.

Atelier de lecture

5. Compter et conter

Le « conte de la bécasse » est une cérémonie où l'on *compte* (l. 84) avant de *conter* (l. 100).

— Recherchez l'**étymologie** du mot *« compter »* et celle du mot *« conter »*. Qu'observez-vous ? Comment expliquer ce phénomène ?

— Recherchez des mots de la même famille qui répondent aux définitions suivantes (vérifiez l'orthographe) :

- appareil de mesure (des distances, des vitesses, etc.) ;
- chanson d'enfants dans certains jeux ;
- payé sur l'heure et en espèces ;
- bavardage, cancan ;
- soustraire une somme.

Atelier d'écriture

HISTOIRES DE CHASSE

CRÉATION

« C'étaient d'étranges et invraisemblables aventures où se complaisait l'humeur hâbleuse des chasseurs. »
A votre tour faites, sur le mode humoristique, le récit d'une partie de chasse.

RECHERCHE

La chasse est une tradition encore très vivante. Renseignez-vous sur cette coutume et présentez sous la forme d'un récit ordonné et progressif le résultat de vos recherches.

LA FOLLE

Tenez, dit M. Mathieu d'Endolin, les bécasses[1] me rappellent une bien sinistre anecdote de la guerre.

Vous connaissez ma propriété dans le faubourg de Cormeil[2]. Je l'habitais au moment de l'arrivée des Prussiens[3].

J'avais alors pour voisine une espèce de folle, dont l'esprit s'était égaré sous les coups du malheur. Jadis, à l'âge de vingt-cinq ans, elle avait perdu, en un seul mois, son père, son mari et son enfant nouveau-né.

Quand la mort est entrée une fois dans une maison, elle y revient presque toujours immédiatement, comme si elle connaissait la porte.

La pauvre jeune femme, foudroyée par le chagrin, prit le lit, délira pendant six semaines. Puis, une sorte de lassitude calme succédant à cette crise violente, elle resta sans mouvement, mangeant à peine, remuant seulement les yeux. Chaque fois qu'on voulait la faire lever, elle criait comme si on l'eût tuée. On la laissa donc toujours couchée, ne la tirant de ses draps que pour les soins de sa toilette et pour retourner ses matelas.

Une vieille bonne restait près d'elle, la faisant boire de temps en temps ou mâcher un peu de viande froide. Que se passait-il dans cette âme désespérée ? On ne le sut jamais ; car elle ne parla plus. Songeait-elle aux morts ? Rêvassait-elle tristement, sans souvenir précis ? Ou bien sa pensée anéantie restait-elle immobile comme de l'eau sans courant ?

Pendant quinze années, elle demeura ainsi fermée et inerte.

1. bécasse : *cf.* **note** **p. 10.**

2. Cormeil : village normand.

3. l'arrivée des Prussiens : pendant la guerre de 1870 entre la France et la Prusse.

La guerre vint ; et, dans les premiers jours de décembre, les Prussiens pénétrèrent à Cormeil.

Je me rappelle cela comme d'hier. Il gelait à fendre les pierres ; et j'étais étendu moi-même dans un fauteuil, immobilisé par la goutte[1], quand j'entendis le battement lourd et rythmé de leurs pas. De ma fenêtre, je les vis passer.

Ils défilaient interminablement, tous pareils, avec ce mouvement de pantins qui leur est particulier. Puis les chefs distribuèrent leurs hommes aux habitants[2]. J'en eus dix-sept. La voisine, la folle, en avait douze, dont un commandant, vrai soudard[3], violent, bourru.

Pendant les premiers jours tout se passa normalement. On avait dit à l'officier d'à côté que la dame était malade ; et il ne s'en inquiéta guère. Mais bientôt cette femme qu'on ne voyait jamais l'irrita. Il s'informa de la maladie ; on répondit que son hôtesse était couchée depuis quinze ans par suite d'un violent chagrin. Il n'en crut rien sans doute, et s'imagina que la pauvre insensée ne quittait pas son lit par fierté, pour ne pas voir les Prussiens, et ne leur point parler, et ne les point frôler.

Il exigea qu'elle le reçût ; on le fit entrer dans sa chambre. Il demanda d'un ton brusque :

« Je vous prierai, matame, de fous lever et de tescentre pour qu'on fous foie. »

Elle tourna vers lui ses yeux vagues, ses yeux vides, et ne répondit pas.

Il reprit :

« Che ne tolérerai bas d'insolence. Si fous ne fous levez bas de ponne volonté, che trouverai pien un moyen de fous faire bromener toute seule. »

1. la goutte : maladie inflammatoire qui peut entraîner la paralysie des articulations.

2. distribuèrent leurs hommes aux habitants : l'armée d'occupation contraint les habitants à loger ses soldats.

3. soudard : soldat brutal et grossier.

Elle ne fit pas un geste, toujours immobile comme si elle ne l'eût pas vu.

Il rageait, prenant ce silence calme pour une marque de mépris suprême. Et il ajouta :

« Si vous n'êtes pas tescentue temain... »

Puis, il sortit.

Le lendemain, la vieille bonne, éperdue, la voulut habiller ; mais la folle se mit à hurler en se débattant. L'officier monta bien vite ; et la servante, se jetant à ses genoux, cria :

« Elle ne veut pas, monsieur, elle ne veut pas. Pardonnez-lui ; elle est si malheureuse. »

Le soldat restait embarrassé n'osant, malgré sa colère, la faire tirer du lit par ses hommes. Mais soudain il se mit à rire et donna des ordres en allemand.

Et bientôt on vit sortir un détachement qui soutenait un matelas comme on porte un blessé. Dans ce lit qu'on n'avait point défait, la folle, toujours silencieuse, restait tranquille, indifférente aux événements tant qu'on la laissait couchée. Un homme par-derrière portait un paquet de vêtements féminins.

Et l'officier prononça en se frottant les mains :

« Nous ferrons pien si vous ne poufez bas vous hapiller toute seule et faire une bétite bromenate. »

Puis on vit s'éloigner le cortège dans la direction de la forêt d'Imauville[1].

Deux heures plus tard les soldats revinrent tout seuls.

On ne revit plus la folle. Qu'en avaient-ils fait ? Où l'avaient-ils portée ? On ne le sut jamais.

1. la forêt d'Imauville : dans le pays de Caux, entre Bolbec et Fécamp.

La neige tombait maintenant jour et nuit, ensevelissant la plaine et les bois sous un linceul de mousse glacée. Les loups venaient hurler jusqu'à nos portes.

La pensée de cette femme perdue me hantait ; et je fis plusieurs démarches auprès de l'autorité prussienne, afin d'obtenir des renseignements. Je faillis être fusillé.

Le printemps revint. L'armée d'occupation s'éloigna. La maison de ma voisine restait fermée ; l'herbe drue poussait dans les allées.

La vieille bonne était morte pendant l'hiver. Personne ne s'occupait plus de cette aventure ; moi seul y songeais sans cesse.

Qu'avaient-ils fait de cette femme ? s'était-elle enfuie à travers les bois ? L'avait-on recueillie quelque part, et gardée dans un hôpital sans pouvoir obtenir d'elle aucun renseignement ? Rien ne venait alléger mes doutes ; mais, peu à peu, le temps apaisa le souci de mon cœur.

Or, à l'automne suivant, les bécasses passèrent en masse ; et, comme ma goutte me laissait un peu de répit, je me traînai jusqu'à la forêt. J'avais déjà tué quatre ou cinq oiseaux à long bec, quand j'en abattis un qui disparut dans un fossé plein de branches. Je fus obligé d'y descendre pour y ramasser ma bête. Je la trouvai tombée auprès d'une tête de mort. Et brusquement le souvenir de la folle m'arriva dans la poitrine comme un coup de poing. Bien d'autres avaient expiré dans ces bois peut-être en cette année sinistre ; mais je ne sais pourquoi, j'étais sûr, sûr, vous dis-je, que je rencontrais la tête de cette misérable maniaque[1].

Et soudain je compris, je devinai tout. Ils l'avaient abandonnée sur ce matelas, dans la

1. maniaque : qui a perdu la raison.

forêt froide et déserte ; et, fidèle à son idée fixe, elle s'était laissée mourir sous l'épais et léger duvet des neiges et sans remuer le bras ou la jambe.

Puis les loups l'avaient dévorée.

Et les oiseaux avaient fait leur nid avec la laine de son lit déchiré.

J'ai gardé ce triste ossement. Et je fais des vœux pour que nos fils ne voient plus jamais de guerre.

Atelier de lecture

QUESTION DE TEMPS

« Pendant quinze années, elle demeura ainsi fermée et inerte. La guerre vint. » (l. 35)

Ces deux phrases marquent une **transition** dans le récit : après la **présentation** du personnage de « la folle », on entre dans **le vif du sujet** quand la guerre arrive à Cormeil, dans les *« premiers jours de décembre »*.

1. Relevez au fil du texte à partir de cette transition toutes **les indications de temps** (compléments circonstanciels de temps, adverbes) qui marquent la progression du récit dans la durée.

Ex. : l. 48 *« Pendant les premiers jours... »*
l. 51 *« Mais bientôt... »*

2. Résumez à l'aide d'un titre les événements rapportés entre chaque indication de temps. Vous établirez ainsi le découpage du conte en séquences.

Indications de temps	*Pendant les premiers jours...*	*Mais bientôt...*	*Le lendemain...*
Séquences du récit	**Rien à signaler**	**La colère du commandant**	

Indication de temps	
Séquences du récit	

3. Le conte suit **le rythme des saisons**. Relevez les notations concernant les effets de ces saisons sur le paysage et montrez que chaque saison a son importance dans l'histoire de « la folle ».

L'hiver	**Le printemps**	**L'automne**

Atelier de lecture

4. Mathieu d'Endolin, le narrateur, fait à partir de la phrase : *« Et soudain je compris, je devinai tout »*, **un retour en arrière.** Pourquoi ce retour vers le passé est-il nécessaire ? Quels temps verbaux traduisent ce mouvement du récit vers un passé plus ancien ?

5. Voici une série de formes verbales relevées dans les dernières lignes du texte. Placez les différents événements évoqués par ces verbes sur **l'axe des temps** qui vous est proposé ci-dessous en indiquant à chaque fois le temps du verbe et en en justifiant l'emploi.

— « je *rencontrais* la tête de cette misérable maniaque »
— « je *devinai* tout »
— « ils l'*avaient abandonnée* sur ce matelas »
— « elle *s'était laissée mourir* »
— « les loups l'*avaient dévorée* »
— « je *fais* des vœux pour que nos fils ne *voient* plus jamais la guerre. »

Axe des temps — **PASSÉ** ——————————————— **PRÉSENT** — **FUTUR** →

Atelier d'écriture

DÉCRIRE DES SENTIMENTS

« L'esprit s'était égaré » (l. 8) : pour rendre plus concrète la folie de son personnage, Maupassant associe à **un terme abstrait** *(« l'esprit »)* **une image** *(« s'était égaré »)*. On peut noter ainsi cette opération :

l'esprit s'était égaré

abstrait → concret

1. Étudiez le même procédé dans les expressions suivantes en distinguant le terme abstrait et le terme concret :
— les coups du malheur
— la mort est entrée
— foudroyée par le chagrin.

2. Recherchez dans le texte une ou deux expressions du même type.

3. A votre tour inventez les images qui pourraient rendre plus concrète l'expression des sentiments suivants :
— la peur
— le désespoir
— l'ennui
— la gaieté.

4. A quels sentiments associeriez-vous les images suivantes ?
— une illumination
— la pluie
— un torrent
— le rouge
— le bleu

5. Dans un texte d'une quinzaine de lignes vous exprimerez, en utilisant des images concrètes, le sentiment de joie que vous a inspiré une circonstance de votre vie.

CHANGEMENT DE POINT DE VUE

Le personnage de la folle reste d'autant plus mystérieux qu'il est toujours **vu de l'extérieur** :
— par le narrateur
— par l'officier prussien.

1. Comment ce mystère est-il souligné tout au long de la nouvelle ?

2. Quels sentiments la « folle » inspire-t-elle :
— au narrateur ? — à l'officier ?

3. Transposition : imaginez ce que la folle se dit à elle-même en recevant l'officier prussien. (On parle dans ce cas de **monologue intérieur**.)

DOSSIER

LES HORREURS DE LA GUERRE

C'est sur le mode ironique que Voltaire décrit dans ***Candide*** *(Extrait 1) les horreurs d'une guerre que rien ne peut justifier, ni les prières des rois, ni l'« héroïsme » des combattants. La guerre est absurde, plus folle que la folie elle-même : Maupassant, dans* ***Boule de Suif*** *(Extrait 2) développe ce thème qu'il reprendra dans* ***La Folle****.*

Extrait 1

Rien n'était si beau, si leste[1], si brillant, si bien ordonné que les deux armées. Les trompettes, les fifres, les hautbois, les tambours, les canons formaient une harmonie telle qu'il n'y en eut jamais en enfer. Les canons renversèrent d'abord à peu près six mille hommes de chaque côté ; ensuite la mousqueterie ôta du meilleur des mondes environ neuf à dix mille coquins qui en infectaient la surface. La baïonnette fut aussi la raison suffisante de la mort de quelques milliers d'hommes. Le tout pouvait bien se monter à une trentaine de mille âmes. Candide, qui tremblait comme un philosophe, se cacha du mieux qu'il put pendant cette boucherie héroïque.

Enfin, tandis que les deux rois faisaient chanter des *Te Deum*[2], chacun dans son camp, il prit le parti d'aller raisonner ailleurs des effets et des causes. Il passa par-dessus des tas de morts et de mourants, et gagna d'abord un village voisin ; il était en cendres : c'était un village abare que les Bulgares avaient brûlé, selon les lois du droit public[3]. Ici des vieillards criblés de coups regardaient mourir leurs femmes égorgées, qui tenaient leurs enfants à leurs mamelles sanglantes ; là des filles, éventrées après avoir assouvi les besoins naturels de quelques héros, rendaient les derniers soupirs ; d'autres, à demi brûlées, criaient qu'on achevât de leur donner la mort. Des cervelles étaient répandues sur la terre à côté de bras et de jambes coupés.

Voltaire, *Candide ou l'optimisme.* (Chapitre 3). 1759.

1. leste : agile. Sens ancien : élégant.
2. TeDeum : chant de louange adressé à Dieu (en latin).
3. droit public : ici : « droit des gens ». Voltaire ironise.

Extrait 2

L'armée allemande[1] arrivait, déroulant ses bataillons qui faisaient sonner les pavés sous leur pas dur et rythmé.

Des commandements criés d'une voix inconnue et gutturale montaient le long des maisons qui semblaient mortes et désertes, tandis que, derrière les volets fermés, des yeux guettaient ces hommes victorieux, maîtres de la cité, des fortunes et des vies de par le « droit de guerre ». Les habitants, dans leurs chambres assombries, avaient l'affolement que donnent les cataclysmes, les grands bouleversements meurtriers de la terre, contre lesquels toute sagesse et toute force sont inutiles. Car la même sensation reparaît chaque fois que l'ordre établi des choses est renversé, que la sécurité n'existe plus, que tout ce que protégeaient les lois des hommes ou celles de la nature se trouve à la merci d'une brutalité inconsciente et féroce. Le tremblement de terre écrasant sous les maisons croulantes un peuple entier ; le fleuve débordé qui roule les paysans noyés avec les cadavres des bœufs et les poutres arrachées aux toits, ou l'armée glorieuse massacrant ceux qui se défendent, emmenant les autres prisonniers, pillant au nom du Sabre et remerciant un Dieu au son du canon, sont autant de fléaux effrayants qui déconcertent toute croyance à la justice éternelle, toute la confiance qu'on nous enseigne en la protection du ciel et la raison de l'homme.

Maupassant, *Boule de Suif.* 1880.

1. L'action de Boule de Suif se situe en 1870 au moment de l'invasion prussienne.

PIERROT

Madame Lefèvre était une dame de campagne, une veuve, une de ces demi-paysannes à rubans et à chapeaux falbalas[1], de ces personnes qui parlent avec des cuirs[2], prennent en public des airs grandioses, et cachent une âme de brute prétentieuse sous des dehors comiques et chamarrés[3], comme elles dissimulent leurs grosses mains rouges sous des gants de soie écrue[4].

Elle avait pour servante une brave campagnarde toute simple, nommée Rose.

Les deux femmes habitaient une petite maison à volets verts, le long d'une route, en Normandie, au centre du pays de Caux[5].

Comme elles possédaient, devant l'habitation, un étroit jardin, elles cultivaient quelques légumes.

Or, une nuit, on lui vola une douzaine d'oignons.

Dès que Rose s'aperçut du larcin, elle courut prévenir Madame, qui descendit en jupe de laine. Ce fut une désolation et une terreur. On avait volé, volé Mme Lefèvre ! Donc, on volait dans le pays, puis on pouvait revenir.

Et les deux femmes effarées contemplaient les traces de pas, bavardaient, supposaient des choses : « Tenez, ils ont passé par là. Ils ont mis leurs pieds sur le mur ; ils ont sauté dans la plate-bande. »

Et elles s'épouvantaient pour l'avenir. Comment dormir tranquilles maintenant !

Le bruit du vol se répandit. Les voisins arrivèrent, constatèrent, discutèrent à leur tour ; et

1. chapeaux falbalas : chapeaux ornés de volants. (« Falbalas » désigne aussi des ornements prétentieux.)

2. des cuirs : des fautes de langage.

3. chamarrés : surchargé de décorations prétentieuses.

4. écrue : à l'état naturel (pour la soie : qui n'a pas été plongée dans l'eau bouillante).

5. pays de Caux : région de Normandie au nord de la Seine.

les deux femmes expliquaient à chaque nouveau venu leurs observations et leurs idées.

Un fermier d'à côté leur offrit ce conseil : « Vous devriez avoir un chien. »

C'était vrai, cela ; elles devraient avoir un chien, quand ce ne serait que pour donner l'éveil. Pas un gros chien, Seigneur ! Que feraient-elles d'un gros chien ! Il les ruinerait en nourriture. Mais un petit chien (en Normandie, on prononce *quin*), un petit freluquet[1] de *quin* qui jappe.

Dès que tout le monde fut parti, Mme Lefèvre discuta longtemps cette idée de chien. Elle faisait, après réflexion, mille objections, terrifée par l'image d'une jatte pleine de pâtée ; car elle était de cette race parcimonieuse de dames campagnardes qui portent toujours des centimes dans leur poche pour faire l'aumône ostensiblement[2] aux pauvres des chemins, et donner aux quêtes du dimanche.

Rose, qui aimait les bêtes, apporta ses raisons et les défendit avec astuce. Donc il fut décidé qu'on aurait un chien, un tout petit chien.

On se mit à sa recherche, mais on n'en trouvait que des grands, des avaleurs de soupe à faire frémir. L'épicier de Rolleville en avait bien un, un tout petit ; mais il exigeait qu'on le lui payât deux francs, pour couvrir ses frais d'élevage. Mme Lefèvre déclara qu'elle voulait bien nourrir un « quin », mais qu'elle n'en achèterait pas.

Or, le boulanger, qui savait les événements, apporta, un matin, dans sa voiture, un étrange petit animal tout jaune, presque sans pattes,

1. **freluquet : être léger et sans valeur.**

2. **ostensiblement : avec l'intention d'être remarqué.**

avec un corps de crocodile, une tête de renard et une queue en trompette, un vrai panache, grand comme tout le reste de sa personne. Un client cherchait à s'en défaire. Mme Lefèvre trouva fort beau ce roquet immonde[1], qui ne coûtait rien. Rose l'embrassa, puis demanda comment on le nommait. Le boulanger répondit : « Pierrot. »

Il fut installé dans une vieille caisse à savon et on lui offrit d'abord de l'eau à boire. Il but. On lui présenta ensuite un morceau de pain. Il mangea. Mme Lefèvre, inquiète, eut une idée : « Quand il sera bien accoutumé à la maison, on le laissera libre. Il trouvera à manger en rôdant par le pays. »

On le laissa libre, en effet, ce qui ne l'empêcha point d'être affamé. Il ne jappait d'ailleurs que pour réclamer sa pitance ; mais, dans ce cas, il jappait avec acharnement.

Tout le monde pouvait entrer dans le jardin. Pierrot allait caresser chaque nouveau venu, et demeurait absolument muet.

Mme Lefèvre cependant s'était accoutumée à cette bête. Elle en arrivait même à l'aimer, et à lui donner de sa main, de temps en temps, des bouchées de pain trempées dans la sauce de son fricot[2].

Mais elle n'avait nullement songé à l'impôt[3], et quand on lui réclama huit francs — huit francs, madame ! — pour ce freluquet de *quin* qui ne jappait seulement point, elle faillit s'évanouir de saisissement.

Il fut immédiatement décidé qu'on se débarrasserait de Pierrot. Personne n'en voulut. Tous les habitants le refusèrent à dix lieues aux envi-

1. immonde : d'une laideur repoussante.

2. fricot : viande en ragoût.

3. l'impôt : une taxe sur les chiens établie le 2 mai 1855.

rons. Alors on se résolut, faute d'autre moyen, à lui faire « piquer du mas ».

« Piquer du mas », c'est « manger de la marne[1] ». On fait piquer du mas à tous les chiens dont on veut se débarrasser.

1. marne : mélange naturel d'argile et de calcaire employé comme engrais.

Au milieu d'une vaste plaine, on aperçoit une espèce de hutte, ou plutôt un tout petit toit de chaume, posé sur le sol. C'est l'entrée de la marnière. Un grand puits tout droit s'enfonce jusqu'à vingt mètres sous terre, pour aboutir à une série de longues galeries de mines.

On descend une fois par an dans cette carrière, à l'époque où l'on marne les terres. Tout le reste du temps, elle sert de cimetière aux chiens condamnés ; et souvent, quand on passe auprès de l'orifice, des hurlements plaintifs, des aboiements furieux ou désespérés, des appels lamentables montent jusqu'à vous.

Les chiens des chasseurs et des bergers s'enfuient avec épouvante des abords de ce trou gémissant ; et, quand on se penche au-dessus, il sort de là une abominable odeur de pourriture.

Des drames affreux s'y accomplissent dans l'ombre.

Quand une bête agonise depuis dix à douze jours dans le fond, nourrie par les restes immondes de ses devanciers, un nouvel animal, plus gros, plus vigoureux certainement, est précipité tout à coup. Ils sont là, seuls, affamés, les yeux luisants. Ils se guettent, se suivent, hésitent, anxieux. Mais la faim les presse : ils s'attaquent, luttent longtemps, acharnés ; et le plus fort mange le plus faible, le dévore vivant.

Quand il fut décidé qu'on ferait « piquer du mas » à Pierrot, on s'enquit[1] d'un exécuteur. Le cantonnier qui binait la route demanda dix sous pour la course. Cela parut follement exagéré à Mme Lefèvre. Le goujat[2] du voisin se contentait de cinq sous[3] ; c'était trop encore ; et, Rose ayant fait observer qu'il valait mieux qu'elles le portassent elles-mêmes, parce qu'ainsi il ne serait pas brutalisé en route et averti de son sort, il fut résolu qu'elles iraient toutes les deux à la nuit tombante.

On lui offrit, ce soir-là, une bonne soupe avec un doigt de beurre. Il l'avala jusqu'à la dernière goutte ; et, comme il remuait la queue de contentement, Rose le prit dans son tablier.

Elles allaient à grands pas, comme des maraudeuses[4], à travers la plaine. Bientôt elles aperçurent la marnière et l'atteignirent ; Mme Lefèvre se pencha pour écouter si aucune bête ne gémissait. — Non — il n'y en avait pas ; Pierrot serait seul. Alors Rose qui pleurait, l'embrassa, puis le lança dans le trou ; et elles se penchèrent toutes deux, l'oreille tendue.

Elles entendirent d'abord un bruit sourd ; puis la plainte aiguë, déchirante, d'une bête blessée, puis une succession de petits cris de douleur, puis des appels désespérés, des supplications de chien qui implorait, la tête levée vers l'ouverture.

Il jappait, oh ! il jappait !

Elles furent saisies de remords, d'épouvante, d'une peur folle et inexplicable ; et elles se sauvèrent en courant. Et, comme Rose allait plus vite, Mme Lefèvre criait : « Attendez-moi, Rose, attendez-moi ! »

1. s'enquérir : rechercher.

2. goujat : valet.

3. cinq sous : *cf.* tableau des monnaies, p. 187.

4. maraudeuse : voleuse (spécialement à la campagne, dans les jardins).

Leur nuit fut hantée de cauchemars épouvantables.

Mme Lefèvre rêva qu'elle s'asseyait à table pour manger la soupe, mais, quand elle découvrait la soupière, Pierrot était dedans. Il s'élançait et la mordait au nez.

Elle se réveilla et crut l'entendre japper encore. Elle écouta ; elle s'était trompée.

Elle s'endormit de nouveau et se trouva sur une grande route, une route interminable, qu'elle suivait. Tout à coup, au milieu du chemin, elle aperçut un panier, un grand panier de fermier, abandonné ; et ce panier lui faisait peur.

Elle finissait cependant par l'ouvrir, et Pierrot, blotti dedans, lui saisissait la main, ne la lâchait plus ; et elle se sauvait éperdue, portant ainsi au bout du bras le chien suspendu, la gueule serrée.

Au petit jour, elle se leva, presque folle, et courut à la marnière.

Il jappait ; il jappait encore, il avait jappé toute la nuit. Elle se mit à sangloter et l'appela avec mille noms caressants. Il répondit avec toutes les inflexions tendres de sa voix de chien.

Alors elle voulut le revoir, se promettant de le rendre heureux jusqu'à sa mort.

Elle courut chez le puisatier chargé de l'extraction de la marne, et elle lui raconta son cas. L'homme écoutait sans rien dire. Quand elle eut fini, il prononça : « Vous voulez votre quin ? Ce sera quatre francs. »

Elle eut un sursaut ; toute sa douleur s'envola du coup.

« Quatre francs ! vous vous en feriez mourir ! quatre francs ! »

Il répondit : « Vous croyez que j'vas apporter mes cordes, mes manivelles, et monter tout ça, et m' n' aller là-bas avec mon garçon et m' faire mordre encore par votre maudit quin, pour l' plaisir de vous le r'donner ? fallait pas l' jeter. »

Elle s'en alla, indignée. — Quatre francs !

Aussitôt rentrée, elle appela Rose et lui dit les prétentions du puisatier. Rose, toujours résignée, répétait : « Quatre francs ! c'est de l'argent, madame. »

Puis elle ajouta : « Si on lui jetait à manger, à ce pauvre quin, pour qu'il ne meure pas comme ça ? »

Mme Lefèvre approuva, toute joyeuse ; et les voilà reparties, avec un gros morceau de pain beurré.

Elles le coupèrent par bouchées qu'elles lançaient l'une après l'autre, parlant tour à tour à Pierrot. Et sitôt que le chien avait achevé un morceau, il jappait pour réclamer le suivant.

Elles revinrent le soir, puis le lendemain, tous les jours. Mais elles ne faisaient plus qu'un voyage.

Or, un matin, au moment de laisser tomber la première bouchée, elles entendirent tout à coup un aboiement formidable dans le puits. Ils étaient deux ! On avait précipité un autre chien, un gros !

Rose cria : « Pierrot ! » Et Pierrot jappa, jappa. Alors on se mit à jeter la nourriture ; mais, chaque fois elles distinguaient parfaitement une bousculade terrible, puis les cris plaintifs de Pierrot mordu par son compagnon, qui mangeait tout, étant le plus fort.

1. spécifier : préciser.

Elles avaient beau spécifier[1] : « C'est pour toi, Pierrot ! » Pierrot, évidemment, n'avait rien.

Les deux femmes interdites, se regardaient ; et Mme Lefèvre prononça d'un ton aigre : « Je ne peux pourtant pas nourrir tous les chiens qu'on jettera là-dedans. Il faut y renoncer. »

Et, suffoquée à l'idée de tous ces chiens vivant à ses dépens, elle s'en alla, emportant même ce qui restait du pain qu'elle se mit à manger en marchant.

Rose la suivit en s'essuyant les yeux du coin de son tablier bleu.

Atelier de lecture

LE JEU DES PORTRAITS

Lire **un portrait**, c'est comme faire un puzzle.

— On distingue **les éléments principaux** qui définissent, au physique et au moral, le personnage.
— On observe **leur place**.
— On les réunit pour découvrir **le caractère** du personnage.

1. Les morceaux du puzzle

Un personnage se définit :
— par ce qu'il est ;
— par ce qu'il a ;
— par ce qu'il fait.

— Qui est Mme Lefevre ? (cf. 1er paragraphe)

— Que possède-t-elle ?
(cf. paragraphes 2, 3 et 4)

— Que fait-elle ? (Pour répondre à cette question complètement il faut lire l'ensemble du conte. Contentez-vous pour l'instant des éléments du texte du début à *« Elles cultivaient quelques légumes »*.

— Répondez aux mêmes questions pour Rose.

2. Le portrait, touche par touche

— Décomposez la première phrase (c'est **une phrase complexe**).
Madame Lefevre était — ...
— ...
— ...
— ...

— Quelle est la fonction des quatre groupes nominaux que vous avez isolés ?

— Décomposez maintenant le dernier élément.
(elle était une) de ces personnes — qui...
— ...
— et...

— Quelle est la nature des trois propositions subordonnées que vous avez distinguées ?

— Observez la dernière proposition du paragraphe : *« comme elles dissimulent leurs grosses mains... »* Quelle est sa nature ?

Atelier de lecture

— Cette première phrase complexe et accumulative fait apparaître Mme Lefevre comme un personnage surchargé, excessif. Relevez dans le premier paragraphe quatre adjectifs qui confirment cet aspect du personnage.

— Comparez la longueur du portrait de Mme Lefevre et celle du portrait de Rose. Que remarquez-vous ?

— L'auteur ne donne pas explicitement son avis sur ses personnages. Pourtant les expressions qu'il choisit pour décrire Mme Lefevre sont révélatrices de son point de vue. Relevez-en quelques-unes et commentez l'effet que l'auteur a cherché à produire.

3. Le miroir brisé

— Lisez l'ensemble du conte et choisissez parmi les traits de caractère suivants ceux qui définissent bien Mme Lefevre.

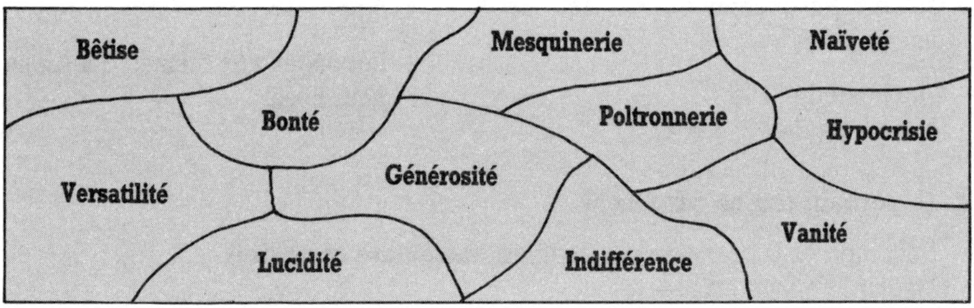

— Vous confirmerez chaque trait caractéristique attribué à Mme Lefevre par une phrase relevée dans le texte qui illustre cette qualité.

4. Le caractère dominant

— **L'avarice** est le caractère dominant de Mme Lefevre. Chez elle tout paraît étriqué : elle a *« une petite maison », « un étroit jardin », « un petit chien »...*
Relevez cinq circonstances du récit qui manifestent ce trait de caractère.

— L'avarice, c'est aussi la peur d'être volé : par qui Mme Lefevre a-t-elle peur d'être volée ou ruinée ?

— Toute l'action dans *Pierrot* découle de l'avarice de Mme Lefevre. On peut représenter ainsi **la relation essentielle** entre les différentes étapes du conte :

Atelier de lecture

Madame Lefevre a peur d'être volée donc elle veut avoir un chien

Peur de la dépense ⇒ **Désir de protéger son bien**

mais un gros chien est ruineux donc elle recherche un petit chien

Peur de la dépense ⇒ **Désir de protéger son bien**

Poursuivez la lecture du conte en soulignant à chaque étape la relation définie ci-dessus :

.... donc ....

Peur de la dépense ⇒ **Désir de protéger son bien**

— A quel moment le récit s'écarte-t-il de cette relation essentielle ? Quel sentiment plus fort que l'avarice l'emporte alors chez Mme Lefevre ? Quelle est pourtant la conclusion du conte ? Que pensez-vous des sentiments de Rose ?

Atelier d'écriture

PIERROT EN BANDE DESSINÉE

En vous aidant de la structure du conte dégagée dans l'**Atelier de lecture**, découpez le récit en huit étapes principales que vous résumerez en une phrase. Vous écrirez cette phrase dans la case inférieure de chaque vignette et vous imaginerez les dessins et les bulles.

I On a volé douze oignons à Mme Lefevre	**II**
III	**IV**
V	**VI**
VII	**VIII**

NUIT DE CAUCHEMAR

Avec beaucoup d'humour, le conteur rapporte deux rêves de Mme Lefevre (l. 176) sur le même thème : la « grosse bête » mangée par la petite.

CRÉATION : Pierrot revient une troisième fois hanter les nuits de Mme Lefevre. Racontez.

UNE VIE DE CHIEN

Mme Lefevre trouve d'abord Pierrot fort beau, ce qui ne l'empêchera pas de jeter le malheureux animal dans la marnière d'où l'on entend sa pauvre voix japper. Mais que dit-il ? Nul doute qu'il n'est guère satisfait du traitement qui lui est infligé.

CREATION : imaginez les réflexions de Pierrot entre l'instant où il découvre Mme Lefevre, sa nouvelle maîtresse, et le moment où elle l'abandonne définitivement au fond du puits.

L'AVARICE

La passion de l'avare est telle qu'il est prêt à faire mourir de faim ses proches. Et quand il leur donne à dîner, comme Harpagon dans ***L'Avare*** *de Molière (Extrait 1), il veille à la dépense. Quant au père Grandet (Extrait 2), il pousse, à l'instant de mourir, l'obsession de l'or jusqu'à la folie.*

Extrait 1

MAITRE JACQUES. — Combien serez-vous de gens à table ?

HARPAGON. — Nous serons huit ou dix ; mais il ne faut prendre que pour huit ; quand il y a à manger pour huit, il y en a bien pour dix.

VALÈRE. — Cela s'entend.

MAITRE JACQUES. — Hé bien ! il faudra quatre grands potages, et cinq assiettes. Potages... Entrées...

HARPAGON. — Que diable ! voilà pour traiter toute une ville entière.

MAITRE JACQUES. — Rôt...

HARPAGON, *en lui mettant la main sur la bouche.* — Ah ! traître, tu manges tout mon bien.

MAITRE JACQUES. — Entremets...

HARPAGON. — Encore ?

VALÈRE. — Est-ce que vous avez envie de faire crever tout le monde ? Et Monsieur a-t-il invité des gens pour les assassiner à force de mangeaille ? Allez-vous-en lire un peu les préceptes de la santé, et demander aux médecins s'il y a rien de plus préjudiciable à l'homme que de manger avec excès.

HARPAGON. — Il a raison.

VALÈRE. — Apprenez, maître Jacques, vous et vos pareils, que c'est un coupe-gorge qu'une table remplie de trop de viandes ; que pour se bien montrer ami de ceux que l'on invite, il faut que la frugalité règne dans les repas qu'on donne ; et que, suivant le dire d'un ancien, *il faut manger pour vivre, et non pas vivre pour manger.*

HARPAGON. — Ah ! que cela est bien dit ! Approche, que je t'embrasse pour ce mot. Voilà la plus belle sentence que j'aie entendue de ma vie. *Il faut vivre pour manger, et non pas manger pour vi...* Non, ce n'est pas cela. Comment est-ce que tu dis ?

VALÈRE. — Qu'*il faut manger pour vivre, et non pas vivre pour manger.*

HARPAGON. — Oui. Entends-tu ? Qui est le grand homme qui a dit cela ?

VALÈRE. — Je ne me souviens pas maintenant de son nom.

HARPAGON. — Souviens-toi de m'écrire ces mots : je les veux faire graver en lettres d'or sur la cheminée de ma salle.

VALÈRE. — Je n'y manquerai pas. Et pour votre souper, vous n'avez qu'à me laisser faire : je réglerai tout cela comme il faut.

HARPAGON. — Fais donc.

MAITRE JACQUES. — Tant mieux : j'en aurai moins de peine.
HARPAGON. — Il faudra de ces choses dont on ne mange guère, et qui rassasient d'abord : quelque bon haricot bien gras, avec quelque pâté en pot bien garni de marrons.
VALÈRE. — Reposez-vous sur moi.
HARPAGON. — Maintenant, maître Jacques, il faut nettoyer mon carrosse.
MAITRE JACQUES. — Attendez. Ceci s'adresse au cocher. *(Il remet sa casaque.)* Vous dites...
HARPAGON. — Qu'il faut nettoyer mon carrosse, et tenir mes chevaux tout prêts pour conduire à la foire...
MAITRE JACQUES. — Vos chevaux, Monsieur ? Ma foi, ils ne sont point du tout en état de marcher. Je ne vous dirai point qu'ils sont sur la litière, les pauvres bêtes n'en ont point, et ce serait fort mal parler ; mais vous leur faites observer des jeûnes si austères que ce ne sont plus rien que des idées ou des fantômes, des façons de chevaux.

Molière, *L'Avare.* Acte III, scène I. 1668.

Extrait 2

Enfin arrivèrent les jours d'agonie, pendant lesquels la forte charpente du bonhomme fut aux prises avec la destruction. Il voulut rester assis au coin de son feu, devant la porte de son cabinet. Il attirait à lui et roulait toutes les couvertures que l'on mettait sur lui, et disait à Nanon : — Serre, serre ça, pour qu'on ne me vole pas. Quand il pouvait ouvrir les yeux, où toute sa vie s'était réfugiée, il les tournait aussitôt vers la porte du cabinet où gisaient ses trésors en disant à sa fille : — Y sont-ils ? y sont-ils ? d'un son de voix qui dénotait une sorte de peur panique.

— Oui, mon père.

— Veille à l'or, mets de l'or devant moi.

Eugénie lui étendait des louis sur une table, et il demeurait des heures entières les yeux attachés sur les louis, comme un enfant qui, au moment où il commence à voir, contemple stupidement le même objet ; et, comme à un enfant, il lui échappait un sourire pénible.

— Ça me réchauffe ! disait-il quelquefois en laissant paraître sur sa figure une expression de béatitude.

Lorsque le curé de la paroisse vint l'administrer, ses yeux, morts en apparence depuis quelques heures, se ranimèrent à la vue de la croix, des chandeliers, du bénitier d'argent qu'il regarda fixement, et sa loupe remua pour la dernière fois. Lorsque le prêtre lui approcha des lèvres le crucifix en vermeil pour lui faire baiser le Christ, il fit un épouvantable geste pour le saisir et ce dernier effort lui coûta la vie.

Balzac, *Eugénie Grandet.* 1833.

LA REMPAILLEUSE

C'était à la fin du dîner d'ouverture de chasse chez le marquis de Bertrans. Onze chasseurs, huit jeunes femmes et le médecin du pays étaient assis autour de la grande table illuminée, couverte de fruits et de fleurs.

On vint à parler d'amour, et une grande discussion s'éleva, l'éternelle discussion, pour savoir si on pouvait aimer vraiment une fois ou plusieurs fois. On cita des exemples de gens n'ayant jamais eu qu'un amour sérieux ; on cita aussi d'autres exemples de gens ayant aimé souvent, avec violence. Les hommes, en général, prétendaient que la passion, comme les maladies, peut frapper plusieurs fois le même être, et le frapper à le tuer si quelque obstacle se dresse devant lui. Bien que cette manière de voir ne fût pas contestable, les femmes, dont l'opinion s'appuyait sur la poésie bien plus que sur l'observation, affirmaient que l'amour, l'amour vrai, le grand amour, ne pouvait tomber qu'une fois sur un mortel, qu'il était semblable à la foudre, cet amour, et qu'un cœur touché par lui demeurait ensuite tellement vidé, ravagé, incendié, qu'aucun autre sentiment puissant, même aucun rêve, n'y pouvait germer de nouveau.

Le marquis, ayant aimé beaucoup, combattait vivement cette croyance :

« Je vous dis, moi, qu'on peut aimer plusieurs fois avec toutes ses forces et toute son âme. Vous me citez des gens qui se sont tués par amour, comme preuve de l'impossibilité d'une seconde passion. Je vous répondrai que,

CHOUQUET

s'ils n'avaient pas commis cette bêtise de se suicider, ce qui leur enlevait toute chance de rechute, ils se seraient guéris ; et ils auraient recommencé, et toujours, jusqu'à leur mort naturelle. Il en est des amoureux comme des ivrognes. Qui a bu boira — qui a aimé aimera. C'est une affaire de tempérament, cela. »

On prit pour arbitre le docteur, vieux médecin parisien retiré aux champs[1], et on le pria de donner son avis.

Justement il n'en avait pas :

« Comme l'a dit le marquis, c'est une affaire de tempérament ; quant à moi, j'ai eu connaissance d'une passion qui dura cinquante-cinq ans sans un jour de répit, et qui ne se termina que par la mort. »

La marquise battit des mains.

« Est-ce beau cela ! Et quel rêve d'être aimé ainsi ! Quel bonheur de vivre cinquante-cinq ans tout enveloppé de cette affection acharnée et pénétrante ! Comme il a dû être heureux et bénir la vie celui qu'on adora de la sorte ! »

Le médecin sourit :

« En effet, madame, vous ne vous trompez pas sur ce point, que l'être aimé fut un homme. Vous le connaissez, c'est M. Chouquet, le pharmacien du bourg. Quant à elle, la femme, vous l'avez connue aussi, c'est la vieille rempailleuse de chaises qui venait tous les ans au château. Mais je vais me faire mieux comprendre. »

L'enthousiasme des femmes était tombé ; et leur visage dégoûté disait : « Pouah ! » comme si l'amour n'eût dû frapper que des êtres fins et distingués, seuls dignes de l'intérêt des gens comme il faut.

1. retiré aux champs : qui a pris sa retraite à la campagne.

Le médecin reprit :

★

J'ai été appelé, il y a trois mois, auprès de cette vieille femme, à son lit de mort. Elle était arrivée, la veille, dans la voiture qui lui servait de maison, traînée par la rosse[1] que vous avez vue, et accompagnée de ses deux grands chiens noirs, ses amis et ses gardiens. Le curé était déjà là. Elle nous fit ses exécuteurs testamentaires[2], et, pour nous dévoiler le sens de ses volontés dernières, elle nous raconta toute sa vie. Je ne sais rien de plus singulier et de plus poignant.

Son père était rempailleur et sa mère rempailleuse. Elle n'a jamais eu de logis planté en terre.

Toute petite, elle errait, haillonneuse, vermineuse, sordide. On s'arrêtait à l'entrée des villages, le long des fossés ; on dételait la voiture ; le cheval broutait ; le chien dormait, le museau sur ses pattes ; et la petite se roulait dans l'herbe pendant que le père et la mère rafistolaient[3], à l'ombre des ormes du chemin, tous les vieux sièges de la commune. On ne parlait guère, dans cette demeure ambulante. Après quelques mots nécessaires pour décider qui ferait le tour des maisons en poussant le cri bien connu : « Remmmpailleur de chaises ! » on se mettait à tortiller la paille, face à face ou côte à côte. Quand l'enfant allait trop loin ou tentait d'entrer en relation avec quelque galopin du village, la voix colère du père la rappelait : « Veux-tu bien revenir ici, crapule ! » C'étaient les seuls mots de tendresse qu'elle entendait.

1. rosse : mauvais cheval.

2. exécuteurs testamentaires : personnes chargées d'accomplir les dernières volontés d'un défunt.

3. rafistoler : réparer.

Quand elle devint plus grande, on l'envoya faire la récolte des fonds de sièges avariés[1]. Alors elle ébaucha quelques connaissances de place en place avec les gamins ; mais c'étaient alors les parents de ses nouveaux amis qui rappelaient brutalement leurs enfants : « Veux-tu bien venir ici, polisson ! Que je te voie causer avec les va-nu-pieds !... »

Souvent les petits gars lui jetaient des pierres.

Des dames lui ayant donné quelques sous, elle les garda soigneusement.

Un jour — elle avait alors onze ans — comme elle passait par ce pays, elle rencontra derrière le cimetière le petit Chouquet qui pleurait parce qu'un camarade lui avait volé deux liards[2]. Ces larmes d'un petit bourgeois, l'un de ces petits qu'elle s'imaginait, dans sa frêle caboche de déshéritée, être toujours contents et joyeux, la bouleversèrent. Elle s'approcha, et, quand elle connut la raison de sa peine, elle versa entre ses mains toutes ses économies, sept sous, qu'il prit naturellement, en essuyant ses larmes. Alors, folle de joie, elle eut l'audace de l'embrasser. Comme il considérait attentivement sa monnaie, il se laissa faire. Ne se voyant ni repoussée, ni battue, elle recommença ; elle l'embrassa à pleins bras, à plein cœur. Puis elle se sauva.

Que se passa-t-il dans cette misérable tête ? S'est-elle attachée à ce mioche parce qu'elle lui avait sacrifié sa fortune de vagabonde, ou parce qu'elle lui avait donné son premier baiser tendre ? Le mystère est le même pour les petits que pour les grands.

Pendant des mois, elle rêva de ce coin de cimetière et de ce gamin. Dans l'espérance de

1. **avarié : abîmé.**

2. **deux liards : soit un demi-sou, c'est-à-dire une très petite somme. (*cf.* tableau des monnaies, p. 187).**

le revoir elle vola ses parents, grappillant un sou par-ci, un sou par-là, sur un rempaillage, ou sur les provisions qu'elle allait acheter.

Quand elle revint, elle avait deux francs dans sa poche, mais elle ne put qu'apercevoir le petit pharmacien, bien propre, derrière les carreaux de la boutique paternelle, entre un bocal rouge et un ténia[1].

Elle ne l'en aima que davantage, séduite, émue, extasiée par cette gloire de l'eau colorée, cette apothéose[2] des cristaux luisants.

Elle garda en elle son souvenir ineffaçable, et, quand elle le rencontra, l'an suivant, derrière l'école, jouant aux billes avec ses camarades, elle se jeta sur lui, le saisit dans ses bras, et le baisa avec tant de violence qu'il se mit à hurler de peur. Alors, pour l'apaiser, elle lui donna son argent : trois francs vingt, un vrai trésor, qu'il regardait avec des yeux agrandis.

Il le prit et se laissa caresser tant qu'elle voulut.

Pendant quatre ans encore, elle versa entre ses mains toutes ses réserves, qu'il empochait avec conscience en échange de baisers consentis. Ce fut une fois trente sous, une fois deux francs, une fois douze sous (elle en pleura de peine et d'humiliation, mais l'année avait été mauvaise) et la dernière fois, cinq francs[3], une grosse pièce ronde, qui le fit rire d'un rire content.

Elle ne pensait plus qu'à lui ; et il attendait son retour avec une certaine impatience, courait au-devant d'elle en la voyant, ce qui faisait bondir le cœur de la fillette.

Puis il disparut. On l'avait mis au collège. Elle le sut en interrogeant habilement. Alors, elle

1. ténia : ver parasite long de 3 à 6 mètres qui vit dans l'intestin. Le pharmacien en a fait l'ornement de sa devanture.

2. apothéose : triomphe.

3. cinq francs : pour avoir une idée des équivalents en francs d'aujourd'hui, *cf.* p. 187.

1. **elle usa d'une diplomatie infinie : elle fit preuve de beaucoup d'habileté.**

usa d'une diplomatie infinie[1] pour changer l'itinéraire de ses parents et les faire passer par ici au moment des vacances. Elle y réussit, mais après un an de ruses. Elle était donc restée deux ans sans le revoir ; et elle le reconnut à peine, tant il était changé, grandi, embelli, imposant dans sa tunique à boutons d'or. Il feignit de ne pas la voir et passa fièrement près d'elle.

Elle en pleura pendant deux jours ; et depuis lors elle souffrit sans fin.

Tous les ans elle revenait ; passait devant lui sans oser le saluer et sans qu'il daignât même tourner les yeux vers elle. Elle l'aimait éperdument. Elle me dit : « C'est le seul homme que j'aie vu sur la terre, monsieur le médecin ; je ne sais pas si les autres existaient seulement. »

Ses parents moururent. Elle continua leur métier, mais elle prit deux chiens au lieu d'un, deux terribles chiens qu'on n'aurait pas osé braver.

Un jour, en rentrant dans ce village où son cœur était resté, elle aperçut une jeune femme qui sortait de la boutique Chouquet au bras de son bien-aimé. C'était sa femme. Il était marié.

Le soir même, elle se jeta dans la mare qui est sur la place de la Mairie. Un ivrogne attardé la repêcha, et la porta à la pharmacie. Le fils Chouquet descendit en robe de chambre, pour la soigner, et, sans paraître la reconnaître, la déshabilla, la frictionna, puis il lui dit d'une voix dure : « Mais vous êtes folle ! Il ne faut pas être bête comme ça ! »

Cela suffit pour la guérir. Il lui avait parlé ! Elle était heureuse pour longtemps.

Il ne voulut rien recevoir en rémunération de

ses soins, bien qu'elle insistât vivement pour le payer.

Et toute sa vie s'écoula ainsi. Elle rempaillait en songeant à Chouquet. Tous les ans, elle l'apercevait derrière ses vitraux. Elle prit l'habitude d'acheter chez lui des provisions de menus médicaments. De la sorte elle le voyait de près, et lui parlait, et lui donnait encore de l'argent.

Comme je vous l'ai dit en commençant, elle est morte ce printemps. Après m'avoir raconté toute cette triste histoire, elle me pria de remettre à celui qu'elle avait si patiemment aimé toutes les économies de son existence, car elle n'avait travaillé que pour lui, disait-elle, jeûnant[1] même pour mettre de côté, et être sûre qu'il penserait à elle, au moins une fois, quand elle serait morte.

1. jeûnant : se privant de manger.

Elle me donna donc deux mille trois cent vingt-sept francs[2]. Je laissai à M. le curé les vingt-sept francs pour l'enterrement, et j'emportai le reste quand elle eut rendu le dernier soupir.

2. deux mille trois cent vingt-sept francs : ***cf.*** **p. 187.**

Le lendemain, je me rendis chez les Chouquet. Ils achevaient de déjeuner, en face l'un de l'autre, gros et rouges, fleurant[3] les produits pharmaceutiques, importants et satisfaits.

3. fleurer : sentir.

On me fit asseoir ; on m'offrit un kirsch[4], que j'acceptai ; et je commençai mon discours d'une voix émue, persuadé qu'ils allaient pleurer.

4. kirsch : eau-de-vie de cerises.

Dès qu'il eut compris qu'il avait été aimé de cette vagabonde, de cette rempailleuse, de cette rouleuse, Chouquet bondit d'indignation, comme si elle lui avait volé sa réputation, l'estime des honnêtes gens, son honneur intime, quelque chose de délicat qui lui était plus cher que la vie.

Sa femme, aussi exaspérée que lui, répétait : « Cette gueuse ! cette gueuse ! cette gueuse !... » Sans pouvoir trouver autre chose.

Il s'était levé ; il marchait à grands pas derrière la table, le bonnet grec[1] chaviré sur une oreille. Il balbutiait : « Comprend-on ça, docteur ? Voilà de ces choses horribles pour un homme ! Que faire ? Oh ! si je l'avais su de son vivant, je l'aurais fait arrêter par la gendarmerie et flanquer en prison. Et elle n'en serait pas sortie, je vous en réponds ! »

Je demeurais stupéfait du résultat de ma démarche pieuse. Je ne savais que dire ni que faire. Mais j'avais à compléter ma mission. Je repris : « Elle m'a chargé de vous remettre ses économies, qui montent à deux mille trois cent francs. Comme ce que je viens de vous apprendre semble vous être fort désagréable, le mieux serait peut-être de donner cet argent aux pauvres. »

Ils me regardaient, l'homme et la femme, perclus de saisissement[2].

Je tirai l'argent de ma poche, du misérable argent de tous les pays et de toutes les marques, de l'or et des sous mêlés. Puis je demandai : « Que décidez-vous ? »

Mme Chouquet parla la première : « Mais, puisque c'était sa dernière volonté, à cette femme... il me semble qu'il nous est bien difficile de refuser. »

Le mari, vaguement confus, reprit : « Nous pourrions toujours acheter avec ça quelque chose pour nos enfants. »

1. bonnet grec : bonnet de velours à gland d'or (comme celui du pharmacien Homais dans *Mme Bovary* de Flaubert).

2. perclus de saisissement : paralysés par la surprise.

Je dis d'un air sec : « Comme vous voudrez. »

Il reprit : « Donnez toujours, puisqu'elle vous en a chargé ; nous trouverons bien moyen de l'employer à quelque bonne œuvre. »

Je remis l'argent, je saluai et je partis.

Le lendemain Chouquet vint me trouver et, brusquement : « Mais elle a laissé ici sa voiture cette... cette femme. Qu'est-ce que vous en faites, de cette voiture ?

— Rien, prenez-la si vous voulez.

— Parfait ; cela me va ; j'en ferai une cabane pour mon potager. »

Il s'en allait. Je le rappelai. « Elle a laissé aussi son vieux cheval et ses deux chiens. Les voulez-vous ? » Il s'arrêta, surpris : « Ah ! non, par exemple ; que voulez-vous que j'en fasse ? Disposez-en comme vous voudrez. » Et il riait. Puis il me tendit sa main que je serrai. Que voulez-vous ? Il ne faut pas, dans un pays, que le médecin et le pharmacien soient ennemis.

J'ai gardé les chiens chez moi. Le curé, qui a une grande cour, a pris le cheval. La voiture sert de cabane à Chouquet ; et il a acheté cinq obligations[1] de chemin de fer avec l'argent.

Voilà le seul amour profond que j'aie rencontré, dans ma vie.

Le médecin se tut.

Alors la marquise, qui avait des larmes dans les yeux soupira : « Décidément, il n'y a que les femmes pour savoir aimer ! »

1. obligation : titre émis par une société (ici de chemin de fer) au bénéfice de ceux qui lui prêtent de l'argent.

« UNE GRANDE DISCUSSION »

La Rempailleuse commence par *« une grande discussion »*.

Toute bonne discussion comporte :

— **un sujet** = une question discutable ;

— **des opinions différentes** et parfois opposées à propos de cette question ;

— **des arguments,** c'est-à-dire des raisons, des preuves pour justifier ces opinions ;

— **des exemples** pour illustrer concrètement ces opinions ou ces arguments.

1. Quel est le sujet de discussion abordé par les invités du marquis de Bertrans ?

2. Quelle est l'opinion à ce sujet :
— des *« hommes en général »* ?
— des femmes ?
— du marquis ?
— du médecin du pays ?

3. Pour défendre leurs opinions respectives, quels arguments utilisent :
— les femmes ?
— le marquis ?

4. Quelle opinion illustre selon vous l'exemple de la rempailleuse développé par le médecin du pays ?

5. L'amour est un sentiment difficile à définir. Voilà certainement l'origine de la discussion. D'ailleurs les invités du marquis et le marquis lui-même utilisent plusieurs comparaisons pour évoquer cette passion.

Relevez la comparaison faite par :
— les *« hommes en général »* ;
— les femmes ;
— le marquis.

6. Pour présenter les propos des différents personnages qui s'opposent au cours de la discussion, le conteur utilise des **verbes introducteurs** : parler, citer, prétendre, affirmer, dire, répondre.

Ces verbes ne sont pas tous des synonymes et ils n'admettent pas tous la même construction. Par exemple, on peut dire :

« J'ai dit que je le verrais bientôt. »

mais on doit dire :

« J'ai parlé de le voir bientôt. »

— Quelle est, dans les deux cas, la nature du complément d'objet direct des verbes « dire » et « parler » ?

— Utilisez chacun des verbes cités précédemment (parler, citer, prétendre, etc.) dans une phrase avec un complément.

7. Voici un **sujet de discussion** :
« L'argent peut tout, il permet tout, il donne tout. » (Marcel Pagnol, *Topaze*). Qu'en pensez-vous ?

— Formulez le sujet sous la forme d'une question : « Est-ce que l'argent... ».

— Dans le tableau suivant nous avons défendu l'opinion :
« Oui, l'argent peut tout ». **(= opinion A)**
En un paragraphe comportant exposé de l'opinion, arguments et exemples, défendez le point de vue opposé. **(= opinion B)**

Opinion A	Opinion B
Oui, l'argent peut tout. **(= exposé de l'opinion)** En effet, l'argent permet de satisfaire mes désirs. **(= argument 1).** Grâce à lui, je peux acquérir la raquette de tennis ou les disques dont je rêve. **(= exemple 1)** De plus, l'argent donne pouvoir et liberté. **(= argument 2)** Le pouvoir de mener ma vie comme je l'entends, de sortir, de voyager librement. **(= exemple 2).** Enfin l'argent assure à celui qui le possède un respect et une considération qu'il n'aurait pas sans cela : **(= argument 3)** de nos jours, les signes extérieurs de richesse comme la maison ou la voiture sont très importants. **(= exemple 3)**	

8. Imaginez la discussion que vous pourriez avoir avec un camarade sur le sujet suivant : *doit-on suivre la mode ?*

Atelier de lecture

LA TECHNIQUE DU RÉCIT ENCHÂSSÉ

Dans *La Rempailleuse*, il y a en fait **deux récits enchâssés**, c'est-à-dire emboîtés l'un dans l'autre. (C'est une technique très fréquente dans les *Contes* de Maupassant.)

Le **narrateur 1** n'est pas nommé mais il semble avoir assisté au dîner d'ouverture de chasse qu'il raconte. C'est lui qui présente le **narrateur 2** : le médecin du pays.

On peut représenter ainsi cette technique du récit enchâssé :

Récit enchâssant
Sujet : dîner d'ouverture de chasse chez le marquis de Bertrans.
Narrateur 1 : un participant anonyme à ce dîner.
Destinataire (celui à qui on raconte) : le lecteur.

> **Récit enchâssé**
> **Sujet :** la vie de la rempailleuse et son amour pour le pharmacien.
> **Narrateur 2 :** le médecin du pays.
> **Destinataires :** les participants au dîner (+ le lecteur).

1. Comparez les deux phrases suivantes du récit enchâssant :

Phrase 1 : *« On vint à parler d'amour »*.
Phrase 2 : *« On prit pour arbitre le docteur (...). »*
Quelles personnes remplace le pronom « on » dans la phrase 1 ? dans la phrase 2 ?

2. A partir de quelle phrase le médecin évoque-t-il l'histoire de la rempailleuse ? A quel moment commence véritablement son récit ?

3. Quels indices pronominaux représentent le médecin dans le récit enchâssant ? dans le récit enchâssé ?

4. A la p. 47 le médecin dit : *« elle nous raconta toute sa vie. »* Que représentent les pronoms *« elle »* et *« nous »* ?

5. En résumé, un narrateur anonyme rapporte qu'au dîner de chasse du marquis de Bertrans, le médecin du pays a raconté l'histoire d'une rempailleuse qui la lui avait, elle-même, relatée !
A votre avis, quelle qualité donne au récit cette technique d'enchâssement ?

6. A quel moment du conte revient-on au récit enchâssant ?

7. Étudiez les réactions des destinataires du récit du médecin dans les passages suivants :

	DESTINATAIRES	RÉACTIONS
l. 50 à l. 68		
l. 307 à l. 310		

8. Qu'est-ce qui explique le changement de réaction des femmes entre le début et la fin du conte ?

Recherchez le sens exact du mot *« préjugé »*. En quoi s'applique-t-il bien à la première réaction des invitées du marquis ?

MOTS PÉJORATIFS/MOTS FAMILIERS

L'héroïne de *La Rempailleuse* est un personnage misérable et vagabond : un paria de la société.

1. *« Toute petite, elle errait, haillonneuse, vermineuse, sordide. »* Les trois adjectifs qui qualifient la rempailleuse contiennent une nuance de sens dépréciative : on les appelle des **péjoratifs**.

2. Dans les mots « haillonneuse » et « vermineuse », on trouve un même **suffixe** qui sert à former un péjoratif.

Ajoutez un suffixe aux mots suivants afin de former un mot péjoratif :

vert faible fade traîner maigre crier

3. Recherchez dans le conte des mots équivalents péjoratifs des termes suivants :

-un cheval -un vagabond -une vagabonde -une misérable

Sont-ils tous formés à l'aide d'un suffixe ?

4. Attention : ne confondons pas les péjoratifs et les **mots familiers**.
Ex. : un « galopin » est un enfant en langage familier mais le mot n'est pas forcément péjoratif.

Recherchez dans le conte les équivalents familiers des mots suivants :

-réparer -un bandit -un enfant -une tête

5. Quels sont les équivalents péjoratifs et les équivalents familiers des mots suivants ?

	PÉJORATIFS	FAMILIERS
un lit		
un film		
un chien		
un pauvre		

Atelier de lecture

UNE HISTOIRE SENTIMENTALE ET SOCIALE

Dans l'histoire de la rempailleuse, il est difficile de séparer l'aspect sentimental et l'aspect social des personnages principaux : en effet, le « moteur » de l'action est **la passion de la rempailleuse** pour le pharmacien Chouquet. Or ces deux personnages sont opposés par **leur condition sociale**.

1. Complétez le tableau suivant en lisant attentivement le conte :

NOM	Chouquet	
PROFESSION	Pharmacien	Rempailleuse
DOMICILE	La pharmacie du village	
SITUATION DE FAMILLE	Marié Père de famille	
ÉTUDES	Au collège, etc.	
ORIGINE DE LA FORTUNE	Héritage : père pharmacien	

2. Le pharmacien est nommé mais la rempailleuse reste anonyme. Pourquoi ?

3. Quels autres commentaires pouvez-vous faire sur le tableau que vous avez complété ?

4. A travers quels événements de sa vie d'enfant voit-on que la rempailleuse est un personnage exclu, marginal ?

5. La scène initiale

A la suite de quelles circonstances la rempailleuse rencontre-t-elle le *« petit pharmacien »* ? Quel échange se produit alors entre eux ? S'agit-il d'un véritable échange ? (Chouquet donne-t-il quelque chose à la rempailleuse ?) Comment le narrateur explique-t-il la naissance de la passion de la rempailleuse ? Montrez que dans l'ensemble du conte, la

Atelier de lecture

scène initiale (la première rencontre) tend à se répéter. La rempailleuse obtient-elle quelques succès ?

6. Voici quatre relations possibles entre deux individus A et B :

— **A aime B**
— **A n'aime pas B**
— **A donne de l'argent à B**
— **A reçoit de l'argent de B**

Comment se combinent ces quatre relations dans *La Rempailleuse* ?
Si l'on considère les conditions sociales des deux personnages principaux, qu'y a-t-il d'étonnant dans les relations qui se nouent entre eux ?

7. Complétez le schéma des différentes étapes de la passion de la rempailleuse et de ses différents dons. Que remarquez-vous ?

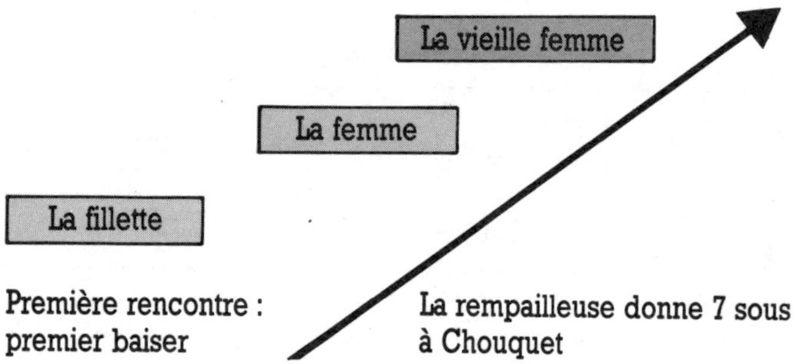

Pour avoir une idée des sommes cf. Tableaux p. 187.

8. Parmi les sentiments suivants quels sont ceux que ressent à un moment du récit

— la rempailleuse ?
— le pharmacien ?

(Citez des passages précis du texte).

-espoir -admiration -joie -peur -humiliation -contentement
-mépris -jalousie -désespoir -désintéressement -indignation

9. Plus la rempailleuse est rejetée, plus elle est généreuse. Comment s'explique alors le comportement du personnage ?

10. Expliquez les sentiments contradictoires des Chouquet lorsqu'ils apprennent qu'ils héritent de la fortune de la rempailleuse.

Atelier de lecture

Comment s'exprime leur colère ? (cf. lexique des sentiments, utilisation du discours direct, types de phrase, etc.).

11. L'argent de la rempailleuse :

« Je tirai l'argent de ma poche, du misérable argent de tous les pays et de toutes les marques, de l'or et des sous mêlés. »
Que révèle cette phrase sur l'origine et le sens du don de la rempailleuse ? Quelle utilisation en fait Chouquet ? Quelle autre destination aurait pu avoir cet argent ? Quel trait de caractère est ainsi souligné chez le pharmacien ?

Atelier d'écriture

La rempailleuse au moment de mourir fait appeler Chouquet. Imaginez leur dialogue.

DOSSIER

AMOUR, ARGENT ET SACRIFICE

Le Père Goriot de Balzac est l'histoire d'une passion exclusive qui va jusqu'au sacrifice. Comme la rempailleuse du conte de Maupassant, le père Goriot donne sa fortune aux êtres qu'il aime : ses filles Delphine et Anastasie. Mais celles-ci, une fois riches, abandonnent leur père qui meurt dans la misère. Avant de succomber, Goriot revoit sa vie.

Si vous saviez comme elles étaient aux petits soins pour moi dans les premiers temps de leur mariage ! (Oh ! je souffre un cruel martyre !) Je venais de leur donner à chacune près de huit cent mille francs, elles ne pouvaient pas, ni leurs maris non plus, être rudes avec moi. L'on me recevait : « Mon bon père, par-ci ; mon cher père, par-là. » Mon couvert était toujours mis chez elles. Enfin je dînais avec leurs maris, qui me traitaient avec considération. J'avais l'air d'avoir encore quelque chose. Pourquoi ça ? Je n'avais rien dit de mes affaires. Un homme qui donne huit cent mille francs à ses filles était un homme à soigner. Et l'on était aux petits soins, mais c'était pour mon argent. Le monde n'est pas beau. J'ai vu cela, moi ! L'on me menait en voiture au spectacle, et je restais comme je voulais aux soirées. Enfin elles se disaient mes filles, et elles m'avouaient pour leur père. J'ai encore ma finesse, allez, et rien ne m'est échappé. Tout a été à son adresse et m'a percé le cœur. Je voyais bien que c'était des frimes ; mais le mal était sans remède. Je n'étais pas chez elles aussi à l'aise qu'à la table d'en bas. Je ne savais rien dire. Aussi quand quelques-uns de ces gens du monde demandaient à l'oreille de mes gendres : — Qui est-ce que ce monsieur-là ? — C'est le père aux écus, il est riche. — Ah, diable ! disait-on, et l'on me regardait avec le respect dû aux écus. Mais si je les gênais quelquefois un peu, je rachetais bien mes défauts ! D'ailleurs, qui donc est parfait ? (Ma tête est une plaie !) Je souffre en ce moment ce qu'il faut souffrir pour mourir, mon cher monsieur Eugène, eh ! bien, ce n'est rien en comparaison de la douleur que m'a causée le premier regard par lequel Anastasie m'a fait comprendre que je venais de dire une bêtise qui l'humiliait ; son regard m'a ouvert toutes les veines. J'aurais voulu tout savoir, mais ce que j'ai bien su, c'est que j'étais de trop sur terre.

Balzac, *Le Père Goriot*. 1834.

LA PEUR

On remonta sur le pont après dîner. Devant nous, la Méditerranée n'avait pas un frisson sur toute sa surface, qu'une grande lune calme moirait[1]. Le vaste bateau glissait, jetant sur le ciel, qui semblait ensemencé d'étoiles, un gros serpent de fumée noire ; et, derrière nous, l'eau toute blanche, agitée par le passage rapide du lourd bâtiment, battue par l'hélice, moussait, semblait se tordre, remuait tant de clartés qu'on eût dit de la lumière de lune bouillonnant.

Nous étions là, six ou huit, silencieux, admirant, l'œil tourné vers l'Afrique lointaine où nous allions. Le commandant, qui fumait un cigare au milieu de nous, reprit soudain la conversation du dîner.

« Oui, j'ai eu peur ce jour-là. Mon navire est resté six heures avec ce rocher dans le ventre, battu par la mer. Heureusement que nous avons été recueillis, vers le soir, par un charbonnier[2] anglais qui nous aperçut. »

Alors un grand homme à figure brûlée, à l'aspect grave, un de ces hommes qu'on sent avoir traversé de longs pays inconnus, au milieu de dangers incessants, et dont l'œil tranquille semble garder, dans sa profondeur, quelque chose des paysages étranges qu'il a vus ; un de ces hommes qu'on devine trempés[3] dans le courage, parla pour la première fois :

« Vous dites, commandant, que vous avez eu peur ; je n'en crois rien. Vous vous trompez sur le mot et sur la sensation que vous avez éprouvée. Un homme énergique n'a jamais peur en face du danger pressant. Il est ému, agité, anxieux ; mais la peur, c'est autre chose. »

1. moirer : couvrir de reflets changeants.

2. charbonnier : navire transportant du charbon.

3. trempé : endurci, fortifié.

Le commandant reprit en riant :

« Fichtre[1] ! je vous réponds bien que j'ai eu peur, moi. »

Alors l'homme au teint bronzé prononça d'une voix lente :

— Permettez-moi de m'expliquer ! La peur (et les hommes les plus hardis peuvent avoir peur), c'est quelque chose d'effroyable, une sensation atroce, comme une décomposition de l'âme, un spasme affreux de la pensée et du cœur, dont le souvenir seul donne des frissons d'angoisse. Mais cela n'a lieu, quand on est brave, ni devant une attaque, ni devant la mort inévitable, ni devant toutes les formes connues du péril : cela a lieu dans certaines circonstances anormales, sous certaines influences mystérieuses, en face de risques vagues. La vraie peur, c'est quelque chose comme une réminiscence[2] des terreurs fantastiques d'autrefois. Un homme qui croit aux revenants, et qui s'imagine apercevoir un spectre dans la nuit, doit éprouver la peur en toute son épouvantable horreur.

Moi, j'ai deviné la peur en plein jour, il y a dix ans environ. Je l'ai ressentie, l'hiver dernier, par une nuit de décembre.

Et, pourtant, j'ai traversé bien des hasards, bien des aventures qui semblaient mortelles. Je me suis battu souvent. J'ai été laissé pour mort par des voleurs. J'ai été condamné, comme insurgé, à être pendu, en Amérique, et jeté à la mer du pont d'un bâtiment sur les côtes de Chine. Chaque fois je me suis cru perdu, j'en ai pris immédiatement mon parti, sans attendrissement et même sans regrets.

Mais la peur, ce n'est pas cela.

1. fichtre : juron familier exprimant l'étonnement.

2. réminiscence : souvenir.

Je l'ai pressentie en Afrique. Et pourtant elle est fille du Nord ; le soleil la dissipe comme un brouillard. Remarquez bien ceci, messieurs. Chez les Orientaux, la vie ne compte pour rien ; on est résigné tout de suite ; les nuits sont claires et vides de légendes, les âmes aussi vides des inquiétudes sombres qui hantent les cerveaux dans les pays froids. En Orient, on peut connaître la panique, on ignore la peur.

Eh bien ! voici ce qui m'est arrivé sur cette terre d'Afrique :

Je traversais les grandes dunes au sud de Ouargla[1]. C'est là un des plus étranges pays du monde. Vous connaissez le sable uni, le sable droit des interminables plages de l'Océan. Eh bien ! figurez-vous l'Océan lui-même devenu sable au milieu d'un ouragan ; imaginez une tempête silencieuse de vagues immobiles en poussière jaune. Elles sont hautes comme des montagnes, ces vagues inégales, différentes, soulevées tout à fait comme des flots déchaînés, mais plus grandes encore, et striées comme de la moire[2]. Sur cette mer furieuse, muette et sans mouvement, le dévorant soleil du sud verse sa flamme implacable et directe. Il faut gravir ces lames de cendre d'or, redescendre, gravir encore, gravir sans cesse, sans repos et sans ombre. Les chevaux râlent, enfoncent jusqu'aux genoux, et glissent en dévalant l'autre versant des surprenantes collines.

Nous étions deux amis suivis de huit spahis[3] et de quatre chameaux avec leurs chameliers. Nous ne parlions plus, accablés de chaleur, de fatigue, et desséchés de soif comme ce désert ardent. Soudain un de ces hommes poussa une sorte de cri ; tous s'arrêtèrent ; et nous demeu-

1. Ouargla : oasis du Sahara algérien.

2. moire : tissu à l'aspect ondé et chatoyant.

3. spahis : cavaliers indigènes de l'armée française d'Afrique du Nord.

râmes immobiles, surpris par un inexplicable phénomène connu des voyageurs en ces contrées perdues.

Quelque part, près de nous, dans une direction indéterminée, un tambour battait, le mystérieux tambour des dunes ; il battait distinctement, tantôt plus vibrant, tantôt affaibli, arrêtant, puis reprenant son roulement fantastique.

Les Arabes, épouvantés, se regardaient ; et l'un dit, en sa langue : « La mort est sur nous. » Et voilà que tout à coup mon compagnon, mon ami, presque mon frère, tomba de cheval, la tête en avant, foudroyé par une insolation.

Et pendant deux heures, pendant que j'essayais en vain de le sauver, toujours ce tambour insaisissable m'emplissait l'oreille de son bruit monotone, intermittent et incompréhensible ; et je sentais se glisser dans mes os la peur, la vraie peur, la hideuse peur, en face de ce cadavre aimé, dans ce trou incendié par le soleil entre quatre monts de sable, tandis que l'écho inconnu nous jetait, à deux cents lieues de tout village français, le battement rapide du tambour.

Ce jour-là, je compris ce que c'était que d'avoir peur ; je l'ai su mieux encore une autre fois...

Le commandant interrompit le conteur :

« Pardon, monsieur, mais ce tambour ? Qu'était-ce ? »

Le voyageur répondit :

Je n'en sais rien. Personne ne sait. Les officiers, surpris souvent par ce bruit singulier, l'attribuent généralement à l'écho grossi, multiplié, démesurément enflé par les vallonnements des dunes, d'une grêle de grains de sable emportés dans le vent et heurtant une touffe d'herbes sèches ; car on a toujours remarqué que le phénomène se produit dans le voisinage de petites plantes brûlées par le soleil, et dures comme du parchemin.

Ce tambour ne serait donc qu'une sorte de mirage du son. Voilà tout. Mais je n'appris cela que plus tard.

J'arrive à ma seconde émotion.

C'était l'hiver dernier, dans une forêt du nord-est de la France. La nuit vint deux heures plus tôt, tant le ciel était sombre. J'avais pour guide un paysan qui marchait à mon côté, par un tout petit chemin, sous une voûte de sapins dont le vent déchaîné tirait des hurlements. Entre les cimes, je voyais courir des nuages en déroute, des nuages éperdus qui semblaient fuir devant une épouvante. Parfois, sous une immense rafale, toute la forêt s'inclinait dans le même sens avec un gémissement de souffrance ; et le froid m'envahissait, malgré mon pas rapide et mon lourd vêtement.

Nous devions souper et coucher chez un garde forestier dont la maison n'était plus éloignée de nous. J'allais là pour chasser.

Mon guide, parfois, levait les yeux et murmurait :

« Triste temps ! » Puis il me parla des gens chez qui nous arrivions. Le père avait tué un braconnier deux ans auparavant, et, depuis ce temps, il semblait sombre, comme hanté d'un souvenir. Ses deux fils, mariés, vivaient avec lui.

Les ténèbres étaient profondes. Je ne voyais rien devant moi, ni autour de moi, et toute la branchure des arbres entrechoqués emplissait la nuit d'une rumeur incessante. Enfin, j'aperçus une lumière, et bientôt mon compagnon heurtait une porte. Des cris aigus de femmes nous répondirent. Puis, une voix d'homme, une voix étranglée, demanda : « Qui va là ? » Mon guide se nomma. Nous entrâmes. Ce fut un inoubliable tableau.

Un vieux homme à cheveux blancs, à l'œil fou, le fusil chargé dans la main, nous attendait debout au milieu de la cuisine, tandis que deux grands gaillards, armés de haches, gardaient la porte. Je distinguai dans les coins sombres deux femmes à genoux, le visage caché contre le mur.

On s'expliqua. Le vieux remit son arme contre le mur et ordonna de préparer ma chambre ; puis, comme les femmes ne bougaient point, il me dit brusquement :

« Voyez-vous, monsieur, j'ai tué un homme, voilà deux ans cette nuit. L'autre année, il est revenu m'appeler. Je l'attends encore ce soir. »

Puis il ajouta d'un ton qui me fit sourire :

« Aussi, nous ne sommes pas tranquilles. »

Je le rassurai comme je pus, heureux d'être venu justement ce soir-là, et d'assister au spectacle de cette terreur superstitieuse. Je racontai des histoires, et je parvins à calmer à peu près tout le monde.

Près du foyer, un vieux chien, presque aveugle et moustachu, un de ces chiens qui ressemblent à des gens qu'on connaît, dormait le nez dans ses pattes.

Au dehors, la tempête acharnée battait la petite maison, et, par un étroit carreau, une sorte de judas placé près de la porte, je voyais soudain tout un fouillis d'arbres bousculés par le vent à la lueur de grands éclairs.

Malgré mes efforts, je sentais bien qu'une terreur profonde tenait ces gens, et chaque fois que je cessais de parler, toutes les oreilles écoutaient au loin. Las d'assister à ces craintes imbéciles, j'allais demander à me coucher, quand le vieux garde tout à coup fit un bond de sa chaise, saisit de nouveau son fusil, en bégayant d'une voix égarée : « Le voilà le voilà ! Je l'entends ! » Les deux femmes retombèrent à genoux dans leurs coins en se cachant le visage ; et les fils reprirent leurs haches. J'allais tenter encore de les apaiser, quand le chien endormi s'éveilla brusquement et, levant sa tête, tendant son cou, regardant vers le feu de son œil presque éteint, il poussa un de ces lugubres hurlements qui font tressaillir les voyageurs, le soir, dans la campagne. Tous les yeux se portèrent sur lui, il restait maintenant immobile, dressé sur ses pattes comme hanté d'une vision, et il se remit à hurler vers quelque chose d'invisible, d'inconnu, d'affreux sans doute, car tout son poil se hérissait. Le garde, livide, cria : « Il le sent ! il le sent ! il était là quand je l'ai tué. » Et les femmes égarées se mirent, toutes les deux, à hurler avec le chien.

Malgré moi, un grand frisson me courut entre les épaules. Cette vision de l'animal dans ce lieu, à cette heure, au milieu de ces gens éperdus, était effrayante à voir.

Alors, pendant une heure, le chien hurla sans bouger ; il hurla comme dans l'angoisse d'un rêve ; et la peur, l'épouvantable peur entrait en moi ; la peur de quoi ? Le sais-je ? C'était la peur, voilà tout.

Nous restions immobiles, livides, dans l'attente d'un événement affreux, l'oreille tendue, le cœur battant, bouleversés au moindre bruit. Et le chien se mit à tourner autour de la pièce, en sentant les murs et gémissant toujours. Cette bête nous rendait fous ! Alors, le paysan qui m'avait amené se jeta sur elle, dans une sorte de paroxysme[1] de terreur furieuse, et, ouvrant une porte donnant sur une petite cour, jeta l'animal dehors.

1. paroxysme : le plus haut point.

Il se tut aussitôt ; et nous restâmes plongés dans un silence plus terrifiant encore. Et soudain, tous ensemble, nous eûmes une sorte de sursaut : un être glissait contre le mur du dehors vers la forêt ; puis il passa contre la porte, qu'il sembla tâter, d'une main hésitante ; puis on n'entendit plus rien pendant dix minutes qui firent de nous des insensés ; puis il revint, frôlant toujours la muraille ; et il gratta légèrement, comme ferait un enfant avec son ongle ; puis soudain une tête apparut contre la vitre du judas[2], une tête blanche avec des yeux lumineux comme ceux des fauves. Et un son sortit de sa bouche, un son indistinct, un murmure plaintif.

2. judas : petite ouverture pratiquée dans une porte pour regarder au dehors. (Du nom de celui qui, selon l'Evangile, trahit le Christ.)

Alors un bruit formidable éclata dans la cuisine. Le vieux garde avait tiré. Et aussitôt les fils se précipitèrent, bouchèrent le judas en dressant la grande table qu'ils assujettirent[3] avec le buffet.

3. assujettir : attacher, rendre immobile.

Et je vous jure qu'au fracas du coup de fusil que je n'attendais point, j'eus une telle angoisse du cœur, de l'âme et du corps, que je me sentis défaillir, prêt à mourir de peur.

Nous restâmes là jusqu'à l'aurore, incapables

de bouger, de dire un mot, crispés dans un affolement indicible.

On n'osa débarricader la sortie qu'en apercevant, par la fente d'un auvent, un mince rayon de jour.

Au pied du mur, contre la porte, le vieux chien gisait, la gueule brisée d'une balle.

Il était sorti de la cour en creusant un trou sous une palissade.

★

L'homme au visage brun se tut ; puis il ajouta :

« Cette nuit-là pourtant, je ne courus aucun danger ; mais j'aimerais mieux recommencer toutes les heures où j'ai affronté les plus terribles périls, que la seule minute du coup de fusil sur la tête barbue du judas. »

Atelier d'écriture

PAYSAGE EN IMAGES

1. Dans le premier paragraphe, Guy de Maupassant campe **le décor** qui sera le point de départ du récit : décor réel puisqu'il le situe en Méditerranée mais tout de suite transformé par **les impressions** des voyageurs.

— **Relevez** quatre expressions du texte (1er §) qui permettent à l'auteur de passer d'un paysage réel à un paysage plus subjectif :

surface de l'eau →
ciel →
fumée du bateau →
mouvement de l'eau dans le sillage du bateau →

— Parmi les quatre expressions que vous avez relevées, certaines sont des **comparaisons**, d'autres des **métaphores.**
Classez-les dans les deux colonnes du tableau ci-dessous.
(Rappelons que la **comparaison** rapproche un objet d'un autre objet par un point qui leur est commun en utilisant un outil de comparaison ; la **métaphore** assimile les deux objets, le comparé et le comparant, sans utiliser de terme de comparaison).

COMPARAISONS	MÉTAPHORES

— **Encadrez** l'outil de comparaison dans les expressions de la colonne de gauche.

2. La comparaison et la métaphore rapprochent ou assimilent deux éléments ayant des points communs. Plus le nombre de points communs est grand, plus la comparaison est riche.
En utilisant les diagrammes suivants et selon l'exemple proposé, retrouvez les points communs qui existent entre le comparé et le comparant des métaphores et comparaisons relevées précédemment.

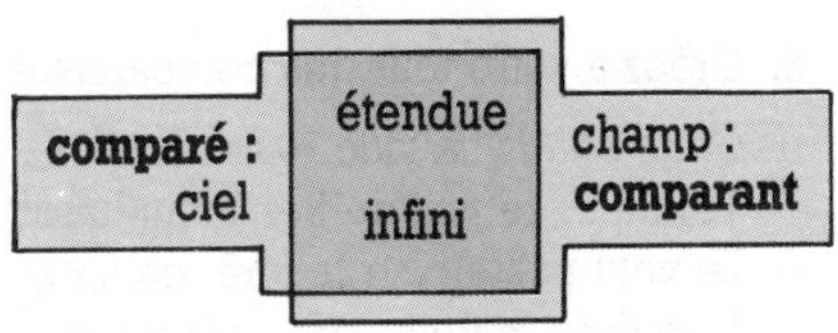

3. « *Un gros serpent de fumée noire* » : dans cette métaphore, le comparant est le complément de nom du groupe nominal comparé.
On pourrait plus schématiquement formuler la métaphore ainsi :

A *de* **B**

Mais la langue française dispose d'autres constructions grammaticales qui permettent d'assimiler deux éléments en vue de créer une métaphore.

Atelier d'écriture

Associez à chaque métaphore de la colonne de gauche la construction grammaticale de son comparant proposée dans la colonne de droite :

MÉTAPHORES	**CONSTRUCTION DU COMPARANT**
• *l'océan devenu sable*	**A de B** (complément du nom)
• *une tempête de vagues immobiles en poussière*	**A = B** (attribut)
• *le dévorant soleil*	**A + B** (adjectif épithète)
• *ces larmes de cendre d'or*	

4. Imaginez qu'une tempête se lève sur la Méditerranée et décrivez la mer en employant comparaisons et métaphores :

« Soudain le vent forcit »...

5. Recherchez, dans l'ensemble du conte, cinq métaphores ou comparaisons et étudiez-les comme dans l'exercice 2.

6. Créez à votre tour des comparaisons en complétant les phrases suivantes :
— *Cette nuit-là, la ville ressemblait à...*
— Tel un ..., le nez de Benjamin luisait sous le soleil.
— Le vent passait sur la forêt comme...
— La rivière, pareille à ..., déroulait ses méandres dans la vallée.
— La montagne élevait sa paroi lisse comme...

7. Transformez les comparaisons que vous avez créées dans l'exercice précédent en métaphores. Essayez de varier les constructions grammaticales.

8. Changez le comparant en conservant le comparé dans les métaphores créées dans l'exercice précédent afin de suggérer une atmosphère différente.

Ex. : le ciel ensemencé d'étoiles → le ciel zébré par l'orage.

9. A votre tour, choisissez un paysage que vous aimeriez décrire (la ville où vous habitez, l'endroit où vous passez vos vacances ou tout autre lieu) et évoquez les éléments de ce paysage en inventant les images (comparaisons et métaphores) qui en suggéreront l'atmosphère particulière.

LES MYSTÈRES DU RÉCIT

La Peur est un récit mystérieux qui ne nous livre pas tout de suite ses secrets. On peut considérer le début du conte (le premier tiers) comme un retard nécessaire pour créer une **attente**, un désir chez le lecteur : désir de savoir, désir de comprendre. Mais plus le conte avance, plus le **mystère** s'épaissit...

1. **Étudiez** le début du conte paragraphe par paragraphe jusqu'à : « Eh bien voici ce qui m'est arrivé sur cette terre d'Afrique » en montrant ce qui retarde l'entrée dans l'histoire :

— § 1 : description d'un bateau glissant sur une mer calme
— § 2 : présentation d'un premier narrateur (le commandant)
— § 3 : ...
— § 4 : ...
...

2. Montrez que ces « **retards** » sont en fait utiles pour capter l'attention du lecteur et créer une atmosphère de plus en plus mystérieuse.

3. Un narrateur chasse l'autre.

Dans *La Peur*, la personnalité du **narrateur** est extrêmement importante : d'ailleurs le récit oppose deux narrateurs possibles avant de laisser la parole au second afin de souligner les qualités de ce dernier.

— Combien de lignes sont consacrées :

- à la présentation du **premier narrateur** (le commandant) ?
- à la présentation du **second narrateur** *(« un grand homme à figure brûlée »)* ?

— Comment l'opposition des deux personnages s'exprime-t-elle ? Quel est l'objet de leur « querelle » ? A partir de quel instant le second narrateur s'impose-t-il ?

— En étudiant le quatrième paragraphe et en relevant les différentes dénominations que le second narrateur reçoit dans le conte, établissez sa fiche d'identité :

Nom, prénom :
Age :
Adresse :
Profession :
Nationalité :
Signes particuliers :

— Quelles observations vous inspire cette recherche ?

— Étudiez par quels éléments grammaticaux est souligné le mystère du narrateur 2 dans ces fragments de son portrait.

Ex. : « un grand homme »
« un » = déterminant indéfini.

- *« un de ces hommes qu'on sent avoir traversé de longs pays inconnus »*
- *« dont l'œil tranquille semble garder, dans sa profondeur, quelque chose des pays étrangers qu'il a vus »*
- *« un de ces hommes qu'on devine trempés dans le courage ».*

— Par quels autres détails l'auriez-vous rendu plus mystérieux ?

— Qu'est-ce qu'une *« tête brûlée »* ? Montrez que cette expression pourrait s'appliquer, au physique et au moral, au second narrateur. Qu'est-ce qui, dans sa vie, confirme cet aspect du personnage ? Qu'est-ce qui pourtant chez lui s'oppose à cette image ?

4. Une mystérieuse émotion.

Voici la définition du mot *« peur »* dans le dictionnaire Larousse :

Peur, n.f. : sentiment d'inquiétude éprouvé en présence ou à la pensée du danger.

— Quel exemple de la peur prise dans ce sens le commandant donne-t-il dans la première partie du récit ?

— Pourquoi cette définition ne satisfait-elle pas l'homme à la *« figure brûlée »* ?

— A quels autres sentiments oppose-t-il la peur ? Pourquoi la peur s'en distingue-t-elle ? De quel autre état peut-on rapprocher la peur ?

— Recherchez dans le conte des **synonymes** du mot *« peur »* et classez-les par ordre d'intensité croissante. (Si vous rencontrez un adjectif évoquant la peur, trouvez le substantif qui correspond.
Ex. : épouvantable → épouvante.)

— Dans un conte intitulé également *« La peur »*, Maupassant écrit : *« La peur, c'est ce qu'on ne comprend pas. »* C'est donc ce qu'on ne peut pas définir : montrez ce qui, dans les phrases suivantes empruntées au texte, manifeste la difficulté de définir la peur :

- *« La peur (...), c'est quelque chose d'effroyable, une sensation atroce, comme une décomposition de l'âme. »*
- *« Cela a lieu dans certaines circonstances anormales, sous certaines influences mystérieuses, en face de risques vagues. »*
- *« La vraie peur, c'est quelque chose comme une réminiscence des terreurs fantastiques d'autrefois. »*

— Quelle est la nature grammaticale des mots *« quelque »* et *« certaines »* utilisés dans les phrases précédentes ?

5. Deux récits pour une peur.

— **Donnez un titre** au premier récit de l'homme à la « *figure brûlée* » : « *Je traversais les grandes dunes* (l. 82) à « *une sorte de mirage du son* » (l. 150) ainsi qu'au second récit : « *C'était l'hiver dernier, dans une forêt...* » (l. 153) à « *... un trou sous une palissade* » (l. 294).

— **Comparez** le décor et l'atmosphère propres à ces deux récits : en quoi le désert et la forêt s'opposent-ils ? Pourquoi peut-on les rapprocher pourtant ? Étudiez les rôles respectifs du soleil **(Histoire 1)** et du vent **(Histoire 2).** Comment ces éléments du climat accompagnent-ils le récit ? Montrez que la description du désert comme celle de la forêt font appel à l'imagination.

— Nous avons établi pour la première histoire un schéma des différentes étapes du récit **(schéma narratif).** Étudiez la seconde histoire en recherchant les correspondances avec la première.

HISTOIRE 1	HISTOIRE 2
PRÉSENTATION DU DÉCOR	
l. *Je traversai les grandes dunes...* l. *des surprenantes collines.*	
PRÉSENTATION DES PERSONNAGES ET DES CIRCONSTANCES DE L'ACTION	
Nous étions deux amis... *ce désert ardent.*	
INTERVENTION D'UN PHÉNOMÈNE INEXPLICABLE	
Soudain un de ces hommes... *son roulement fantastique.*	
RÉACTION DES PERSONNAGES	
Les Arabes épouvantés... *« La mort est sur nous. »*	
INTERVENTION D'UN SECOND ÉVÉNEMENT INEXPLICABLE	
Et voilà que tout à coup... *foudroyé par une insolation.*	

Atelier de lecture

RÉACTION DES PERSONNAGES	
Et pendant deux heures... battement rapide du tambour.	
TENTATIVE POUR EXPLIQUER LE PHÉNOMÈNE	
Ce jour-là je compris... une sorte de mirage du son.	

— Dans les deux histoires vous étudierez les procédés de la **dramatisation** :

- les changements de temps ;
- l'emploi des adverbes et des compléments circonstanciels de temps ;
- les hyperboles (= les exagérations) ;
- le lexique des émotions et des sentiments ;
- les rythmes du récit.

— Les explications données à la fin de chaque histoire vous paraissent-elles satisfaisantes ? Quelle autre explication pourriez-vous donner des phénomènes évoqués dans ces deux récits ?

— *La Peur* est **un conte fantastique** parce que le lecteur hésite entre deux explications d'un même événement : une **explication « naturelle »** (tout s'explique !) et une **explication « surnaturelle »** (il y a une diablerie là-dessous !).

Quels éléments du conte vous conduisent à croire à

- **l'explication naturelle**
- **l'explication surnaturelle**

HISTOIRE A FAIRE PEUR

*Le héros de **l'Intersigne** arrive à la nuit tombante dans un vieux presbytère breton où l'attend son ami, l'abbé Maucombe. Après le souper, il monte dans sa chambre...*

J'allais m'endormir.
Trois petits coups secs, impératifs, furent frappés à ma porte.
— Hein ? me dis-je, en sursaut.
Alors je m'aperçus que mon premier somme avait déjà commencé. J'ignorais où j'étais. Je me croyais à Paris. Certains repos donnent ces sortes d'oublis risibles. Ayant même, presque aussitôt, perdu de vue la cause principale de mon réveil, je m'étirai voluptueusement, dans une complète inconscience de la situation.
— A propos, me dis-je tout à coup : mais on a frappé.
— Quelle visite peut bien ?...
A ce point de ma phrase, une notion confuse et obcure que je n'étais plus à Paris, mais dans un presbytère de Bretagne, chez l'abbé Maucombe, me vint à l'esprit.
En un clin d'œil, je fus au milieu de la chambre.
Ma première impression, en même temps que celle du froid aux pieds, fut celle d'une vive lumière. La pleine lune brillait, en face de la fenêtre, au-dessus de l'église et, à travers les rideaux blancs, découpait son angle de flamme déserte et pâle sur le parquet.
Il était bien minuit.
Mes idées étaient morbides. Qu'était-ce donc ? L'ombre était extraordinaire.
Comme je m'approchais de la porte, une tache de braise, partie du trou de la serrure, vint errer sur ma main et sur ma manche.
Il y avait quelqu'un derrière la porte : on avait réellement frappé.
Cependant, à deux pas du loquet, je m'arrêtai court.
Une chose me paraissait surprenante : la *nature* de la tache qui courait sur ma main. C'était une lueur glacée, sanglante, n'éclairant pas.
— D'autre part, comment se faisait-il que je ne voyais aucune ligne de lumière sous la porte, dans le corridor ? — Mais, en vérité, ce qui sortait ainsi du trou de la serrure me causait l'impression du regard phosphorique d'un hibou !
En ce moment, l'heure sonna, dehors, à l'église, dans le vent nocturne.
— Qui est là ? demandai-je, à voix basse.
La lueur s'éteignit : — j'allais m'approcher...
Mais la porte s'ouvrit, largement, lentement, silencieusement.
En face de moi, dans le corridor, se tenait, debout, une forme haute et noire, — un prêtre, le tricorne sur la

tête. La lune l'éclairait tout entier, à l'exception de la figure : je ne voyais que le feu de ses deux prunelles qui me considéraient avec une solennelle fixité.
Le souffle de l'autre monde enveloppait ce visiteur, son attitude m'oppressait l'âme. Paralysée par une frayeur qui s'enfla instantanément jusqu'au paroxysme, je contemplai le désolant personnage, en silence.
Tout à coup, le prêtre éleva le bras, avec lenteur, vers moi. Il me présentait une chose lourde et vague. C'était un manteau. Un grand manteau noir, un manteau de voyage. Il me le tendait, comme pour me l'offrir !...
Je fermai les yeux pour ne pas voir cela. Oh ! je ne voulais pas voir cela ! Mais un oiseau de nuit, avec un cri affreux, passa entre nous, et le vent de ses ailes, m'effleurant les paupières, me les fit rouvrir. Je sentis qu'il voletait par la chambre.
Alors, — et avec un râle d'angoisse, car les forces me trahissaient pour crier, — je repoussai la porte de mes deux mains crispées et étendues et je donnai un violent tour de clef, frénétique et les cheveux dressés !
Chose singulière, il me sembla que tout cela ne faisait aucun bruit.
C'était plus que l'organisme n'en pouvait supporter. Je m'éveillai. J'étais assis sur mon séant, dans mon lit, les bras tendus devant moi ; j'étais glacé ; le front trempé de sueur ; mon cœur frappait contre les parois de ma poitrine de gros coups sombres.
— Ah ! me dis-je, le songe horrible ! Toutefois, mon insurmontable anxiété subsistait. Il me fallut plus d'une minute avant d'*oser* remuer le bras pour chercher les allumettes ; j'appréhendais de sentir, dans l'obscurité, une main froide saisir la mienne et la presser amicalement.
J'eus un mouvement nerveux en entendant ces allumettes bruire sous mes doigts dans le fer du chandelier. Je rallumai la bougie.
Instantanément, je me sentis mieux ; la lumière, cette vibration divine, diversifie les milieux funèbres et console des mauvaises terreurs.
Je résolus de boire un verre d'eau froide pour me remettre tout à fait et je descendis du lit.
En passant devant la fenêtre, je remarquai une chose : la lune était exactement pareille à celle de mon songe.

Villiers de l'Isle-Adam, *Contes cruels*, « *L'Intersigne* », 1867.

AUX CHAMPS

Les deux chaumières étaient côte à côte, au pied d'une colline, proches d'une petite ville de bains. Les deux paysans besognaient dur sur la terre inféconde pour élever tous leurs petits. Chaque ménage en avait quatre. Devant les deux portes voisines, toute la marmaille grouillait du matin au soir. Les deux aînés avaient six ans et les deux cadets quinze mois environ ; les mariages, et, ensuite, les naissances s'étaient produites à peu près simultanément dans l'une et l'autre maison.

Les deux mères distinguaient à peine leurs produits dans le tas ; et les deux pères confondaient tout à fait. Les huit noms dansaient dans leur tête, se mêlaient sans cesse ; et, quand il fallait en appeler un, les hommes souvent en criaient trois avant d'arriver au véritable.

La première des deux demeures, en venant de la station d'eaux de Rolleport, était occupée par les Tuvache, qui avaient trois filles et un garçon ; l'autre masure abritait les Vallin, qui avaient une fille et trois garçons.

Tout cela vivait péniblement de soupe, de pommes de terre et de grand air. A sept heures, le matin, puis à midi, puis à six heures, le soir, les ménagères réunissaient leurs mioches pour donner la pâtée, comme des gardeurs d'oies assemblent leurs bêtes. Les enfants étaient assis, par rang d'âge, devant la table en bois, vernie par cinquante ans d'usage. Le dernier moutard avait à peine la bouche au niveau de la planche. On posait devant eux l'assiette creuse pleine de pain molli dans l'eau où avaient cuit les pommes de terre, un demi-chou et trois oignons ; et toute la ligne mangeait jusqu'à plus faim. La mère empâtait[1] elle-même le petit. Un peu de viande au pot-au-feu, le dimanche, était une fête pour tous ; et le père, ce jour-là, s'attardait au repas en répétant : « Je m'y ferais bien tous les jours. »

1. **empâter : engraisser avec de la pâtée (s'emploie d'habitude pour le bétail).**

Par un après-midi du mois d'août, une légère voiture s'arrêta brusquement devant les deux chaumières, et une jeune femme, qui conduisait elle-même, dit au monsieur assis à côté d'elle :

« Oh ! regarde, Henri, ce tas d'enfants ! Sont-ils jolis, comme ça, à grouiller dans la poussière ! »

L'homme ne répondit rien, accoutumé à ces admirations qui étaient une douleur et presque un reproche pour lui.

La jeune femme reprit :

« Il faut que je les embrasse ! Oh ! comme je voudrais en avoir un, celui-là, le tout-petit. »

Et, sautant de la voiture, elle courut aux enfants, prit un des deux derniers, celui des Tuvache, et, l'enlevant dans ses bras, elle le baisa passionnément sur ses joues sales, sur ses cheveux blonds frisés et pommadés de terre, sur ses menottes qu'il agitait pour se débarrasser des caresses ennuyeuses.

Puis elle remonta dans sa voiture et partit au grand trot. Mais elle revint la semaine suivante, s'assit elle-même par terre, prit le moutard dans ses bras, le bourra de gâteaux, donna des bonbons à tous les autres ; et joua avec eux comme une gamine, tandis que son mari attendait patiemment dans sa frêle voiture.

Elle revint encore, fit connaissance avec les

parents, reparut tous les jours, les poches pleines de friandises et de sous.

Elle s'appelait Mme Henri d'Hubières.

Un matin, en arrivant, son mari descendit avec elle ; et, sans s'arrêter aux mioches, qui la connaissaient bien maintenant, elle pénétra dans la demeure des paysans.

Ils étaient là, en train de fendre du bois pour la soupe ; ils se redressèrent tout surpris, donnèrent des chaises et attendirent. Alors la jeune femme, d'une voix entrecoupée, tremblante, commença :

« Mes braves gens, je viens vous trouver parce que je voudrais bien... je voudrais bien emmener avec moi votre... votre petit garçon... »

Les campagnards, stupéfaits et sans idée, ne répondirent pas.

Elle reprit haleine et continua.

« Nous n'avons pas d'enfants ; nous sommes seuls, mon mari et moi... Nous le garderions... voulez-vous ? »

La paysanne commençait à comprendre. Elle demanda :

« Vous voulez nous prend'e Charlot ? Ah ben non, pour sûr. »

Alors M. d'Hubières intervint :

« Ma femme s'est mal expliquée. Nous voulons l'adopter, mais il reviendra vous voir. S'il tourne bien, comme tout porte à le croire, il sera notre héritier. Si nous avions, par hasard, des enfants, il partagerait également avec eux. Mais s'il ne répondait pas à nos soins, nous lui donnerions, à sa majorité, une somme de vingt mille francs[1], qui sera immédiatement déposée en son nom chez un notaire. Et, comme on a

1. **vingt mille francs :** ***cf.*** **p. 187.**

aussi pensé à vous, on vous servira jusqu'à votre mort une rente de cent francs par mois. Avez-vous bien compris ? »

La fermière s'était levée, toute furieuse.

« Vous voulez que j'vous vendions Charlot ? Ah ! mais non ; c'est pas des choses qu'on d'mande à une mère, ça ! Ah ! mais non ! Ce s'rait une abomination. »

L'homme ne disait rien, grave et réfléchi ; mais il approuvait sa femme d'un mouvement continu de la tête.

Mme d'Hubières, éperdue, se mit à pleurer, et, se tournant vers son mari, avec une voix pleine de sanglots, une voix d'enfant dont tous les désirs ordinaires sont satisfaits, elle balbutia :

« Ils ne veulent pas, Henri, ils ne veulent pas ! »

Alors ils firent une dernière tentative.

« Mais, mes amis, songez à l'avenir de votre enfant, à son bonheur, à... »

La paysanne, exaspérée, lui coupa la parole :

« C'est tout vu, c'est tout entendu, c'est tout réfléchi... Allez-vous-en, et pi, que j'vous revoie point par ici. C'est-i permis d'vouloir prendre un éfant comme ça ! »

Alors, Mme d'Hubières, en sortant, s'avisa qu'ils étaient deux tout-petits, et elle demanda à travers ses larmes, avec une ténacité de femme volontaire et gâtée, qui ne veut jamais attendre :

« Mais l'autre petit n'est pas à vous ? »

Le père Tuvache répondit :

« Non, c'est aux voisins ; vous pouvez y aller, si vous voulez. »

1. parcimonieusement : en économisant (le beurre).

2. précautions oratoires : discours plein de précautions.

Et il rentra dans sa maison, où retentissait la voix indignée de sa femme.

Les Vallin étaient à table, en train de manger avec lenteur des tranches de pain qu'ils frottaient parcimonieusement[1] avec un peu de beurre piqué au couteau, dans une assiette entre eux deux.

M. d'Hubières recommença ses propositions, mais avec plus d'insinuations, de précautions oratoires[2], d'astuce.

Les deux ruraux hochaient la tête en signe de refus ; mais quand ils apprirent qu'ils auraient cent francs par mois, ils se considérèrent, se consultant de l'œil, très ébranlés.

Ils gardèrent longtemps le silence, torturés, hésitants. La femme enfin demanda :

« Qué qu't'en dis, l'homme ? »

Il prononça d'un ton silencieux :

« J'dis qu'c'est point méprisable. »

Alors Mme d'Hubières, qui tremblait d'angoisse, leur parla de l'avenir du petit, de son bonheur, et de tout l'argent qu'il pourrait leur donner plus tard.

Le paysan demanda :

« C'te rente de douze cents francs, ce s'ra promis d'vant l'notaire ? »

M. d'Hubières répondit :

« Mais certainement, dès demain. »

La fermière, qui méditait, reprit :

« Cent francs par mois, c'est point suffisant pour nous priver du p'tit ; ça travaillera dans quéqu'z'ans c't'éfant ; i nous faut cent vingt francs. »

Mme d'Hubières, trépignant d'impatience, les accorda tout de suite ; et, comme elle voulait enlever l'enfant, elle donna cent francs en cadeau pendant que son mari faisait un écrit. Le maire et un voisin, appelés aussitôt, servirent de témoins complaisants.

Et la jeune femme, radieuse, emporta le marmot hurlant, comme on emporte un bibelot désiré d'un magasin.

Les Tuvache, sur leur porte, le regardaient partir, muets, sévères, regrettant peut-être leur refus.

On n'entendit plus du tout parler du petit Jean Vallin. Les parents, chaque mois, allaient toucher leurs cent vingt francs chez le notaire ; et ils étaient fâchés avec leurs voisins parce que la mère Tuvache les agonisait d'ignominies[1], répétant sans cesse de porte en porte qu'il fallait être dénaturé pour vendre son enfant, que c'était une horreur, une saleté, une corromperie[2].

Et parfois elle prenait en ses bras son Charlot avec ostentation[3], lui criant, comme s'il eût compris :

« J't'ai pas vendu, mé, j't'ai pas vendu, mon p'tiot. J'vends pas m's éfants, mé. J'sieus pas riche, mais vends pas m's'éfants. »

Et, pendant des années et encore des années, ce fut ainsi chaque jour ; chaque jour des allusions grossières qui étaient vociférées[4] devant la porte, de façon à entrer dans la maison voisine. La mère Tuvache avait fini par se croire supérieure à toute la contrée parce qu'elle n'avait pas vendu Charlot. Et ceux qui parlaient d'elle disaient :

« J'sais ben que c'était engageant, c'est égal, elle s'a conduite comme une bonne mère. »

On la citait ; et Charlot, qui prenait dix-huit ans, élevé dans cette idée qu'on lui répétait

1. agonir d'ignominies : accabler d'injures.

2. corromperie : déformation du mot « corruption », dégradation par l'argent.

3. avec ostentation : avec le désir d'être remarqué.

4. vociféré : prononcé à voix forte.

sans répit, se jugeait lui-même supérieur à ses camarades, parce qu'on ne l'avait pas vendu.

Les Vallin vivotaient à leur aise, grâce à la pension. La fureur inapaisable des Tuvache, restés misérables, venait de là.

Leur fils aîné partit au service. Le second mourut ; Charlot resta seul à peiner avec le vieux père pour nourrir la mère et deux autres sœurs cadettes qu'il avait.

Il prenait vingt et un ans, quand, un matin, une brillante voiture s'arrêta devant les deux chaumières. Un jeune monsieur, avec une chaîne de montre en or, descendit, donnant la main à une vieille dame en cheveux blancs. La vieille dame lui dit :

« C'est là, mon enfant, à la seconde maison. »

Et il entra comme chez lui dans la masure des Vallin.

La vieille mère lavait ses tabliers ; le père, infirme, sommeillait près de l'âtre. Tous deux levèrent la tête, et le jeune homme dit :

« Bonjour, papa ; bonjour, maman. »

Ils se dressèrent effarés. La paysanne laissa tomber d'émoi son savon dans son eau et balbutia :

« C'est-i té, m'n éfant ? C'est-i té, m'n éfant ? »

Il la prit dans ses bras et l'embrassa, en répétant : « Bonjour, maman. » Tandis que le vieux, tout tremblant, disait, de son ton calme qu'il ne perdait jamais : « Te v'là-t'il revenu, Jean ? » Comme s'il l'avait vu un mois auparavant.

Et, quand ils se furent reconnus, les parents voulurent tout de suite sortir le fieu[1] dans le

1. fieu : fils (en dialecte normand).

pays pour le montrer. On le conduisit chez le maire, chez l'adjoint, chez le curé, chez l'instituteur.

Charlot, debout sur le seuil de sa chaumière, le regardait passer.

Le soir au souper, il dit aux vieux :

« Faut-il qu'vous ayez été sots pour laisser prendre le p'tit aux Vallin ! »

Sa mère répondit obstinément :

« J'voulions point vendre not'éfant. »

Le père ne disait rien.

Le fils reprit :

« C'est-il pas malheureux d'être sacrifié comme ça. »

Alors le père Tuvache articula d'un ton coléreux :

« Vas-tu pas nous r'procher d't'avoir gardé ? »

Et le jeune homme, brutalement :

« Oui, j'vous le r'proche, que vous n'êtes que des niants[1]. Des parents comme vous ça fait l'malheur des éfants. Qu'vous mériteriez que j'vous quitte. »

La bonne femme pleurait dans son assiette. Elle gémit tout en avalant des cuillerées de soupe dont elle répandait la moitié :

« Tuez-vous donc pour élever d's éfants ! »

Alors le gars, rudement :

« J'aimerais mieux n'être point né que d'être c'que j'suis. Quand j'ai vu l'autre, tantôt, mon sang n'a fait qu'un tour. Je m'suis dit : — v'là c'que j'serais maintenant. »

Il se leva.

« Tenez, j'sens bien que je ferai mieux de n'pas rester ici, parce que j'vous le reprocherais du matin au soir, et que j'vous ferais une vie

1. niants : gens stupides (toujours dans le parler normand).

d'misère. Ça, voyez-vous, j'vous l'pardonnerai jamais ! »

Les deux vieux se taisaient, atterrés, larmoyants.

Il reprit :

« Non, c't'idée-là, ce serait trop dur. J'aime mieux m'en aller chercher ma vie aut'part. »

Il ouvrit la porte. Un bruit de voix entra. Les Vallin festoyaient avec l'enfant revenu.

Alors Charlot tapa du pied et, se tournant vers ses parents, cria :

« Manants[1], va ! »

Et il disparut dans la nuit.

1. manant : paysan et grossier.

Atelier de lecture

A NOUS DEUX

Dans les contes, les **chiffres** sont souvent symboliques, voire magiques (*Les trois cheveux d'or du diable,* les sept femmes de *Barbe-Bleue*, les *quatre fils Aimon*, etc.). Dans *Aux champs*, le chiffre clé est **le deux.**

1. Combien de fois le chiffre deux est-il utilisé dans les deux premiers paragraphes ?

2. Cherchez deux synonymes du mot « ressemblance ».
Jusqu'où va la ressemblance entre les familles Tuvache et Vallin ? Quels sentiments les unissent ? Y a-t-il tout de même des différences entre elles d'après les trois premiers paragraphes ?

3. Voici quelques termes et expressions du texte qui soulignent la ressemblance entre les deux familles :

— ***côte à côte***
— ***chaque*** *ménage en avait quatre*
— *les* ***deux*** *portes* ***voisines***
— ***simultanément***
— *les deux pères* ***confondaient*** *tout à fait*
— *les huit noms (...)* ***se mêlaient*** *sans cesse*
— ***Tout cela*** *vivait péniblement...*

Quelle est la catégorie grammaticale des mots ou expressions soulignés ?

4. Dans le quatrième paragraphe peut-on déterminer à quelle famille appartiennent :

— *les enfants* (l. 28)
— *le dernier moutard* (l. 30)
— *la mère* (l. 36)
— *le père* (l. 39).

LES PAYSANS ONT LA PAROLE

1. Dans *Aux champs*, la présentation des familles Vallin et Tuvache est marquée par la **distance** qu'établit le conteur (parisien) par rapport à son sujet (le monde paysan).
Relevez les mots péjoratifs (cf. p. 58) qui manifestent cette distance dans les quatre premiers paragraphes.

2. Relevez dans le quatrième paragraphe une métaphore animale particulièrement dépréciative.

3. Le point de vue de Madame d'Hubières sur les deux familles paysannes est-il différent de celui du narrateur ?

Ex. ! « Oh ! regarde, Henri, ce tas d'enfants ! Sont-ils jolis, comme ça, à grouiller dans la poussière ! »

4. Réécrivez le quatrième paragraphe en changeant de narrateur et de point de vue : Mme Tuvache ou Mme Vallin évoque la vie des deux familles.

En complétant le tableau suivant réfléchissez aux choix et aux contraintes qui vous sont imposés par cet exercice de **transposition.** (Certains éléments du texte de Maupassant doivent être conservés, d'autres transformés.)

	Texte de Maupassant	**Texte à écrire**
Choix grammaticaux :		
Temps du récit	Récit au passé (imparfait)	
Pronoms personnels	Troisième personne	
Dialogues	Rapportés au style direct	
Choix stylistiques :		
Choix du vocabulaire	Péjoratifs	
Choix des comparaisons	Péjoratives	

HISTOIRE DE FAMILLES

Aux champs est l'histoire de trois familles : les Vallin, les Tuvache et les Hubières. Les deux premières vivent à la campagne et se ressemblent (cf. Atelier de lecture, p. 91), l'autre vient de la ville.

1. Quelles autres différences existent entre les Hubières et les familles paysannes ? (Citez des éléments précis du texte.)

2. On ne parle pas « aux champs » le même langage qu'à la ville. Repérez dans les phrases suivantes les **déformations de la langue** française propre au parler normand, les simples déformations de prononciation dont Maupassant rend compte à l'aide d'une orthographe particulière, le vocabulaire propre à ce milieu, les fautes de syntaxe (nommez de façon claire les déformations subies par la syntaxe).

— *« ça travaillera dans quéqu'z ans c't éfant. »*
— *J'tai pas vendu, mé, j'tai pas vendu mon p'tiot. J'vends pas m's éfants, mé. J'sieus pas riche mais vends pas m's éfants. »*
— *C'est-i té, m'n éfant ? »*

PRONONCIATION DIFFÉRENTE	LEXIQUE	SYNTAXE PARTICULIÈRE
« quéqu'z » pour *« quelques »*	*« ans »* pour *« années »*	*« ça » :* emploi du pronom démonstratif neutre à la place du pronom personnel

3. L'arrivée « aux champs » de la famille Hubières détruit l'union entre les Tuvache et les Vallin. Expliquez comment et pourquoi s'accomplit cette désunion puis complétez dans le tableau suivant la situation 2 pour montrer ce qui a changé par rapport à la situation initiale (situation 1).

TABLEAU DES SITUATIONS

	SITUATION 1		SITUATION 2		SITUATION 3
	VALLIN	TUVACHE	VALLIN	TUVACHE	
SITUATION FAMILIALE	Quatre enfants	Quatre enfants			
ÉTAT DE LA FORTUNE	Pauvreté				
RELATION ENTRE LES FAMILLES	Union				

(Entre la situation 1 et la situation 2, élément perturbateur = arrivée des Hubières.)

4. Le récit ménage une nouvelle surprise avec le retour de Jean « aux champs ». Combien d'années se sont écoulées depuis son départ ? Quelle conséquence inattendue entraîne le retour de Jean ? Décrivez la situation finale (= *situation 3*) en complétant le tableau précédent.

5. En observant le « Tableau des situations », comparez le sort des Vallin et des Tuvache à la fin du conte. Cette conclusion vous paraît-elle cruelle ? pessimiste ? amusante ? (Justifiez votre réponse.)

6. Par quels détails le conteur a-t-il cherché à émouvoir le lecteur à la fin du récit ?

ENFANT A VENDRE

On pourrait considérer Aux champs comme l'histoire d'un **marchandage.**

1. Cherchez deux synonymes du mot « marchandage ».

2. Cherchez dans le texte des mots appartenant au champ lexical du commerce. A quelle réalité s'appliquent-ils ?

3. Monsieur d'Hubières (en bon commerçant) fait miroiter les avantages de la vente (d'enfant) pour les deux familles (l'acheteuse et la vendeuse) (l. 97, p. 84).

— Comment souligne-t-il que les deux parties ont tout à gagner dans cet échange ?

— Quel rapport unit les deux propositions qui composent la phrase : « Nous voulons l'adopter, mais il reviendra vous voir » ?

— M. d'Hubières pose ensuite les conditions de la vente à l'aide d'une série de subordonnées hypothétiques introduites par « si ». Étudiez le jeu des temps dans les principales et les subordonnées en complétant le tableau suivant :

SUBORDONNÉE	TEMPS EMPLOYÉ	PRINCIPALE	TEMPS EMPLOYÉ
S'il tourne bien	Présent de l'indicatif	*il sera...*	Futur de l'indicatif
Si nous avions		*il partagerait*	
S'il ne répondait pas...		*nous lui donnerions*	

— Commentez l'emploi de ces temps.

— Quelle est la valeur du futur dans la fin du paragraphe ?

4. Si vous avez lu le conte avec attention, vous répondrez facilement au questionnaire suivant :

NOM DE L'ACHETEUR :
NATURE DE LA MARCHANDISE :
NOMS DES PRODUITS :
NOMS DES PRODUCTEURS CONCURRENTS :

Atelier de lecture

NOM DU PRODUCTEUR QUI FAIT LA VENTE :
NOM DU PRODUCTEUR QUI RATE LA VENTE :
NOM DU PRODUIT VENDU :
MONTANT DE LA VENTE :
BÉNÉFICE APRÈS VINGT ANS :

MOTIF DU RETOUR DU PRODUIT CHEZ LE PRODUCTEUR :
MOTIF DE LA PERTE DU PRODUIT PAR LE PRODUCTEUR QUI A RATÉ LA VENTE :

5. Si l'on y réfléchit, Aux Champs pose une question simple et terrible : peut-on vendre ses enfants ?

Quels sont les personnages du conte :

— favorables à la « vente » des enfants ?
— opposés à cette « vente » ?

Comment ces derniers expriment-ils leur indignation ?

6. Quels sont les arguments des adversaires et des partisans de la « vente » ?

7. Que pensez-vous de l'attitude de Charlot dans la phase finale du conte ? (Rédigez un paragraphe d'une quinzaine de lignes pour expliquer votre sentiment.)

UNE ADAPTATION D'*AUX CHAMPS*

Voici ce qu'écrivait Claude-Marie Trémois dans Télérama *(du 7 mai 1986) à propos de l'****adaptation*** *pour la télévision du conte de Maupassant :* Aux champs, *par Hervé Baslé.*

Avec « L'enfant », réalisé par Claude Santelli, « Aux champs » est le plus beau conte de cette nouvelle série. Mais si « L'enfant » — et c'est rare chez Maupassant — marquait le triomphe de la rédemption par l'amour, « Aux champs », au contraire, est d'une tonalité désespérée. Deux familles misérables du pays de Caux vivent dans deux fermes mitoyennes. Les gosses très nombreux se mélangent dans la cour. Les parents sont amis. Survient un couple de riches bourgeois. Ils rêvent d'un enfant qu'ils ne peuvent avoir et proposent d'adopter un des bébés moyennant une rente à vie à sa famille. Les Tuvache refusent avec beaucoup de dignité. Les Vallin acceptent. Avec l'argent, la haine, l'envie, la culpabilité, et la folie font irruption dans la cour des deux fermes.

Hervé Baslé a réussi à donner chair et vie à une nouvelle de quelques pages prolongeant les intentions de Maupassant avec une intuition étonnamment juste. Certaines scènes sont inoubliables : le repas de la famille Tuvache, un visage de femme derrière une vitre, une poule mangeant l'œuf qu'elle vient de pondre sous l'œil horrifié de la mère Vallin qui y voit l'image de sa propre faute et un châtiment du ciel... Quant aux comédiens, Marylin Even et Bernadette Le Saché en tête, ils sont étonnants !

Au début, comme pour la mère Tuvache, tout nous paraît clair : les bourgeois sont des corrupteurs qui ont induit les pauvres en tentation, les Tuvache ont raison, les Vallin ont tort. Mais ce n'est pas simple. L'épilogue, atroce, le dira.

La noirceur d'« Aux champs » ne tient pas — comme ce sera le cas dans « L'héritage » — à la mesquinerie et à l'hypocrisie des personnages. Elle est inhérente à la condition humaine. Le bien et le mal s'y embrouillent de telle manière que le bien sort du mal et le mal du bien. D'ailleurs, où est le bien et où est le mal ? Les tentateurs eux-mêmes, qui voulaient faire le bien d'un enfant en même temps que le leur, obéissant à une morale qui leur semblait juste. Non, il n'y a ni bien ni mal. Il n'y a que de pauvres gens qui ont essayé, chacun à sa manière, d'agir pour le mieux.

Claude-Marie Trémois

DOSSIER

QUESTIONS :

1. Ce conte est d'une *« tonalité désespérée »*.

Expliquez en un paragraphe construit et à l'aide de trois arguments en quoi cette affirmation est justifiée.

Ce conte est d'une *« tonalité désespérée »*. En effet...
Par ailleurs...
Enfin...

2. Proposez un résumé du conte en 10 lignes qui pourra s'insérer dans l'article à la place de celui qui y figure.

3. Claude-Marie Trémois fait allusion dans son article à une séquence rajoutée par l'adaptateur du conte, une séquence qui ne figurait pas dans le texte de Maupassant.

— Quelle est cette séquence ?

— Que pensez-vous de cet ajout ?

— Ouvrez un **débat** sur le thème suivant : un adaptateur a-t-il une liberté totale d'interprétation ou doit-il se soumettre absolument au texte qu'il adapte ?

ENFANT PERDU, ENFANT TROUVÉ

Dans le Voleur d'enfants, Jules Supervielle a imaginé l'aventure d'un enfant de sept ans, Antoine, volé, pour son plus grand bonheur, en pleine rue. C'est à travers son regard que le lecteur découvre la ville où l'on se perd...

Antoine a sept ans, peut-être huit. Il sort d'un grand magasin, entièrement habillé de neuf, comme pour affronter une vie nouvelle. Mais pour l'instant, il est encore un enfant qui donne la main à sa bonne, boulevard Haussmann.

Il n'est pas grand et ne voit devant lui que des jambes d'hommes et des jupes très affairées. Sur la chaussée, des centaines de roues qui tournent ou s'arrêtent aux pieds d'un agent âpre comme un rocher.

Avant de traverser la rue du Havre, l'enfant remarque, à un kiosque de journaux, un énorme pied de footballeur qui lance le ballon dans des « buts » inconnus. Pendant qu'il regarde fixement la page de l'illustré, Antoine a l'impression qu'on le sépare violemment de sa bonne. Cette grosse main à bague noire et or qui lui frôla l'oreille ?

L'enfant est entraîné dans un remous de passants. Une jupe violette, un pantalon à raies, une soutane, des jambes crottées de terrassier, et par terre une boue déchirée par des milliers de pieds. C'est tout ce qu'il voit. Amputé de sa bonne, il se sent rougir. Colère d'avoir à reconnaître son impuissance dans la foule, fierté refoulée d'habitude et qui lui saute au visage ? Il lève la tête. Des visages indifférents ou tragiques. De rares paroles entendues n'ayant aucun rapport avec celles des passants qui suivent : voilà d'où vient la nostalgie de la rue. Au milieu du bruit, l'enfant croit entendre le lugubre appel de sa bonne : « Antoine ! » La voix lui arrive déchiquetée comme par d'invisibles ronces. Elle semble venir de derrière lui. Il rebrousse chemin mais ne répond pas. Et toujours le bruit confus de la rue, ce bruit qui cherche en vain son unité parmi des milliers d'aspirations différentes. Antoine trouve humiliant d'avoir perdu sa bonne et ne veut pas que les passants s'en aperçoivent. Il saura bien la retrouver tout seul. Il marche maintenant du côté de la rue de Provence, gardant dans sa paume le souvenir de la pression d'une main chère et rugueuse dont les aspérités semblaient faites pour mieux tenir les doigts légers d'un enfant.

Il y a bien déjà cinq minutes qu'il est seul avec une espèce de honte ou d'angoisse, il ne saurait le dire. La nuit vient. Paris commence à se refermer sur Antoine.

Jules Supervielle, *Le voleur d'enfants*,
Gallimard, 1926 (1re partie, I).

SAINT-ANTOINE

On l'appelait Saint-Antoine, parce qu'il se nommait Antoine, et aussi peut-être parce qu'il était bon vivant, joyeux, farceur, puissant mangeur et fort buveur, et vigoureux trousseur de servantes, bien qu'il eût plus de soixante ans.

C'était un grand paysan du pays de Caux[1], haut en couleur, gros de poitrine et de ventre, et perché sur de longues jambes qui semblaient trop maigres pour l'ampleur du corps.

Veuf, il vivait seul avec sa bonne et ses deux valets dans sa ferme qu'il dirigeait en madré compère, soigneux de ses intérêts, entendu dans les affaires et dans l'élevage du bétail, et dans la culture de ses terres. Ses deux fils et ses trois filles, mariés avec avantage, vivaient aux environs, et venaient, une fois par mois, dîner avec le père. Sa vigueur était célèbre dans tout le pays d'alentour ; on disait, en manière de proverbe : « Il est fort comme Saint-Antoine. »

Lorsque arriva l'invasion prussienne[2], Saint-Antoine, au cabaret, promettait de manger une armée, car il était hâbleur comme un vrai Normand, un peu couard et fanfaron. Il tapait du poing sur la table de bois, qui sautait en faisant danser les tasses et les petits verres, et il criait, la face rouge et l'œil sournois, dans une fausse colère de bon vivant : « Faudra que j'en mange, nom de Dieu ! » Il comptait bien que les Prussiens ne viendraient pas jusqu'à Tanneville ; mais lorsqu'il apprit qu'ils étaient à Rautôt, il ne sortit plus de sa maison, et il guettait sans cesse la route par la petite fenêtre de sa cuisine, s'attendant à tout moment à voir passer des baïonnettes.

1. pays de Caux : région de Normandie chère à Maupassant et située au nord de la Seine.

2. l'invasion prussienne : celle de 1870.

Un matin, comme il mangeait la soupe avec ses serviteurs, la porte s'ouvrit, et le maire de la commune, maître Chicot, parut suivi d'un soldat coiffé d'un casque noir à pointe de cuivre. Saint-Antoine se dressa d'un bond ; et tout son monde le regardait, s'attendant à le voir écharper[1] le Prussien ; mais il se contenta de serrer la main du maire qui lui dit : « En v'là un pour toi, Saint-Antoine. Ils sont venus c'te nuit. Fais pas de bêtises surtout, vu qu'ils parlent de fusiller et de brûler tout si seulement il arrive la moindre chose. Te v'là prévenu. Donne-li à manger, il a l'air d'un bon gars. Bonsoir, je vas chez l's'autres. Y en a pour tout le monde. » Et il sortit.

1. écharper : mettre en pièces, massacrer.

Le père Antoine, devenu pâle, regarda son Prussien. C'était un gros garçon à la chair grasse et blanche, aux yeux bleus, au poil blond, barbu jusqu'aux pommettes, qui semblait idiot, timide et bon enfant. Le Normand malin le pénétra tout de suite, et, rassuré, lui fit signe de s'asseoir. Puis il lui demanda : « Voulez-vous de la soupe ? » L'étranger ne comprit pas. Antoine alors eut un coup d'audace, et, lui poussant sous le nez une assiette pleine : « Tiens, avale ça, gros cochon. »

Le soldat répondit : « Ya » et se mit à manger goulûment pendant que le fermier triomphant, sentant sa réputation reconquise, clignait de l'œil à ses serviteurs qui grimaçaient étrangement, ayant en même temps grand-peur et envie de rire.

Quand le Prussien eut englouti son assiettée, Saint-Antoine lui en servit une autre qu'il fit disparaître également ; mais il recula devant la troisième, que le fermier voulait lui faire manger de force, en répétant : « Allons fous-toi ça dans le ventre. T'engraisseras ou tu diras pourquoi, va, mon cochon ! »

Et le soldat, comprenant seulement qu'on voulait le faire manger tout son saoul, riait d'un air content, en faisant signe qu'il était plein.

Alors Saint-Antoine, devenu tout à fait familier, lui tapa sur le ventre en criant : « Y en-a-t-il dans la bedaine à mon cochon ! » Mais soudain il se tordit, rouge à tomber d'une attaque, ne pouvant plus parler. Une idée lui était venue qui le faisait étouffer de rire : « C'est ça, c'est ça, Saint-Antoine et son cochon. V'là mon cochon ! » Et les trois serviteurs éclatèrent à leur tour.

Le vieux était si content qu'il fit apporter l'eau-de-vie, la bonne, le fil-en-dix[1], et qu'il en régala tout le monde. On trinqua avec le Prussien, qui claqua de la langue par flatterie, pour indiquer qu'il trouvait ça fameux. Et Saint-Antoine lui criait dans le nez : « Hein ? En v'là d'la fine ! T'en bois pas comme ça chez toi, mon cochon. »

Dès lors, le père Antoine ne sortit plus sans son Prussien. Il avait trouvé là son affaire, c'était sa vengeance à lui, sa vengeance de gros malin. Et tout le pays, qui crevait de peur, riait à se tordre derrière le dos des vainqueurs de la farce de Saint-Antoine. Vraiment, dans la plaisanterie il n'avait pas son pareil. Il n'y avait que lui pour inventer des choses comme ça. Cré coquin[2], va !

Il s'en allait chez les voisins, tous les jours après midi, bras dessus bras dessous avec son Allemand qu'il présentait d'un air gai en lui

1. fil-en-dix : eau-de-vie très forte servie dans les cabarets.

2. cré coquin : sacré coquin (juron familier).

tapant sur l'épaule : « Tenez, v'là mon cochon, r'gardez-moi s'il engraisse, c't'animal-là. »

Et les paysans s'épanouissaient. « Est-il donc rigolo, ce bougre d'Antoine ! »

« J'te l'vends, Césaire, trois pistoles[1].

— Je l'prends, Antoine, et j't'invite à manger du boudin.

— Mé, c'que j'veux, c'est d'ses pieds.

— Tâte-li l'ventre, tu verras qu'il n'a que d'la graisse. »

Et tout le monde clignait de l'œil sans rire trop haut cependant, de peur que le Prussien devinât à la fin qu'on se moquait de lui. Antoine seul, s'enhardissant tous les jours, lui pinçait les cuisses en criant : « Rien qu'du gras » ; lui tapait sur le derrière en hurlant : « Tout ça d'la couenne » ; l'enlevait dans ses bras de vieux colosse capable de porter une enclume en déclarant : « Il pèse six cents, et pas de déchet. »

Et il avait pris l'habitude de faire offrir à manger à son cochon partout où il entrait avec lui. C'était là le grand plaisir, le grand divertissement de tous les jours : « Donnez-li de c'que vous voudrez, il avale tout. » Et on offrait à l'homme du pain et du beurre, des pommes de terre, du fricot[2] froid, de l'andouille qui faisait dire : « De la vôtre, et du choix. »

Le soldat, stupide et doux, mangeait par politesse, enchanté de ces attentions, se rendait malade pour ne pas refuser ; et il engraissait vraiment, serré maintenant dans son uniforme, ce qui ravissait Saint-Antoine et lui faisait répéter : « Tu sais, mon cochon, faudra te faire faire une autre cage. »

Ils étaient devenus, d'ailleurs, les meilleurs

1. pistoles : pièces d'or valant dix livres. *cf.* p. 187.

2. fricot : ragoût grossièrement cuisiné.

amis du monde ; et quand le vieux allait à ses affaires dans les environs, le Prussien l'accompagnait de lui-même pour le seul plaisir d'être avec lui.

Le temps était rigoureux ; il gelait dur ; le terrible hiver de 1870 semblait jeter ensemble tous les fléaux sur la France.

Le père Antoine, qui préparait les choses de loin et profitait des occasions, prévoyant qu'il manquerait de fumier pour les travaux du printemps, acheta celui d'un voisin qui se trouvait dans la gêne ; et il fut convenu qu'il irait chaque soir avec son tombereau[1] chercher une charge d'engrais.

Chaque jour donc il se mettait en route à l'approche de la nuit et se rendait à la ferme des Haules, distante d'une demi-lieue[2], toujours accompagné de son cochon. Et chaque jour c'était une fête de nourrir l'animal. Tout le pays accourait là comme on va, le dimanche, à la grand-messe.

Le soldat, cependant, commençait à se méfier ; et quand on riait trop fort il roulait des yeux inquiets qui, parfois, s'allumaient d'une flamme de colère.

Or, un soir, quand il eut mangé à sa contenance, il refusa d'avaler un morceau de plus ; et il essaya de se lever pour s'en aller. Mais Saint-Antoine l'arrêta d'un tour de poignet, et lui posant ses deux mains puissantes sur les épaules il le rassit si durement que la chaise s'écrasa sous l'homme.

Une gaieté de tempête éclata ; et Antoine, radieux, ramassant son cochon, fit semblant de le panser pour le guérir ; puis il déclara : « Puisque tu n'veux pas manger, tu vas boire, nom de

1. tombereau : voiture de charge.

2. une demi-lieue : environ deux kilomètres.

Dieu ! » Et on alla chercher de l'eau-de-vie au cabaret.

Le soldat roulait des yeux méchants ; mais il but néanmoins ; il but tant qu'on voulut ; et Saint-Antoine lui tenait la tête, à la grande joie des assistants.

Le Normand, rouge comme une tomate, le regard en feu, emplissait les verres, trinquait en gueulant : « A la tienne ! » Et le Prussien, sans prononcer un mot, entonnait coup sur coup des lampées[1] de cognac.

1. lampée : grande gorgée.

C'était une lutte, une bataille, une revanche ! A qui boirait le plus, nom d'un nom ! Ils n'en pouvaient ni l'un ni l'autre quand le litre fut séché. Mais aucun des deux n'était vaincu. Ils s'en allaient manche à manche, voilà tout. Faudrait recommencer le lendemain !

Ils sortirent en titubant et se mirent en route, à côté du tombereau de fumier que traînaient lentement les deux chevaux.

La neige commençait à tomber, et la nuit sans lune s'éclairait tristement de cette blancheur morte des plaines. Le froid saisit les deux hommes, augmentant leur ivresse, et Saint-Antoine, mécontent de n'avoir pas triomphé, s'amusait à pousser l'épaule de son cochon pour le faire culbuter dans le fossé. L'autre évitait les attaques par des retraites ; et, chaque fois, il prononçait quelques mots allemands sur un ton irrité qui faisait rire aux éclats le paysan. A la fin, le Prussien se fâcha ; et juste au moment où Antoine lui lançait une nouvelle bourrade, il répondit par un coup de poing terrible qui fit chanceler le colosse.

Alors, enflammé d'eau-de-vie, le vieux saisit l'homme à bras le corps, le secoua quelques secondes comme il eût fait d'un petit enfant, et il le lança à toute volée de l'autre côté du chemin. Puis, content de cette exécution, il croisa ses bras pour rire de nouveau.

Mais le soldat se releva vivement, nu-tête, son casque ayant roulé, et, dégainant son sabre, il se précipita sur le père Antoine.

Quand il vit cela, le paysan saisit son fouet par le milieu, son grand fouet de houx, droit, fort et souple comme un nerf de bœuf[1].

Le Prussien arriva, le front baissé, l'arme en avant, sûr de tuer. Mais le vieux, attrapant à pleine main la lame dont la pointe allait lui crever le ventre, l'écarta, et il frappa d'un coup sec sur la tempe, avec la poignée du fouet, son ennemi qui s'abattit à ses pieds.

Puis il regarda, effaré, stupide d'étonnement, le corps d'abord secoué de spasmes[2], puis immobile sur le ventre. Il se pencha, le retourna, le considéra quelque temps. L'homme avait les yeux clos ; et un filet de sang coulait d'une fente au coin du front. Malgré la nuit, le père Antoine distinguait la tache brune de ce sang sur la neige.

Il restait là, perdant la tête, tandis que son tombereau s'en allait toujours, au pas tranquille des chevaux.

Qu'allait-il faire ? Il serait fusillé ! On brûlerait sa ferme, on ruinerait le pays ! Que faire ? que faire ? Comment cacher le corps, cacher la mort, tromper les Prussiens ? Il entendit des voix au loin, dans le grand silence des neiges. Alors, il s'affola, et, ramassant le casque, il recoiffa sa victime, puis, l'empoignant par les reins, il l'enleva, courut, rattrapa son attelage et

1. nerf de bœuf : sorte de cravache.

2. spasme : tremblement involontaire et soudain.

lança le corps sur le fumier. Une fois chez lui, il aviserait.

Il allait à petits pas, se creusant la cervelle, ne trouvant rien. Il se voyait, il se sentait perdu. Il rentra dans sa cour. Une lumière brillait à une lucarne, sa servante ne dormait pas encore ; alors il fit vivement reculer sa voiture jusqu'au bord du trou à l'engrais. Il songeait qu'en renversant la charge, le corps posé dessus tomberait dessous dans la fosse ; et il fit basculer le tombereau.

Comme il l'avait prévu, l'homme fut enseveli sous le fumier. Antoine aplanit le tas avec sa fourche, puis la planta dans la terre à côté. Il appela son valet, ordonna de mettre les chevaux à l'écurie ; et il rentra dans sa chambre.

Il se coucha, réfléchissant toujours à ce qu'il allait faire, mais aucune idée ne l'illuminait, son épouvante allait croissant dans l'immobilité du lit. On le fusillerait ! Il suait de peur ; ses dents claquaient ; il se releva grelottant, ne pouvant plus tenir dans ses draps.

Alors il descendit à la cuisine, prit la bouteille de fine dans le buffet, et remonta. Il but deux grands verres de suite jetant une ivresse nouvelle par-dessus l'ancienne, sans calmer l'angoisse de son âme. Il avait fait là un joli coup, nom de Dieu d'imbécile !

Il marchait maintenant de long en large, cherchant des ruses, des explications et des malices ; et, de temps en temps, il se rinçait la bouche avec une gorgée de fil-en-dix pour se mettre du cœur au ventre.

Et il ne trouvait rien. Mais rien.

Vers minuit, son chien de garde, une sorte de demi-loup qu'il appelait « Dévorant », se mit à hurler à la mort. Le père Antoine frémit jusque dans les moelles ; et, chaque fois que la bête reprenait son gémissement lugubre et long, un frisson de peur courait sur la peau du vieux.

Il s'était abattu sur une chaise, les jambes cassées, hébété, n'en pouvant plus, attendant avec anxiété que « Dévorant » recommençât sa plainte, et secoué par tous les sursauts dont la terreur fait vibrer nos nerfs.

L'horloge d'en bas sonna cinq heures. Le chien ne se taisait pas. Le paysan devenait fou. Il se leva pour aller déchaîner la bête, pour ne plus l'entendre. Il descendit, ouvrit la porte, s'avança dans la nuit.

La neige tombait toujours. Tout était blanc. Les bâtiments de la ferme faisaient de grandes taches noires. L'homme s'approcha de la niche. Le chien tirait sur sa chaîne. Il le lâcha. Alors « Dévorant » fit un bond, puis s'arrêta net, le poil hérissé, les pattes tendues, les crocs au vent, le nez tourné vers le fumier.

Saint-Antoine, tremblant de la tête aux pieds, balbutia : « Qué qu' t'as donc, sale rosse ? » et il avança de quelques pas, fouillant de l'œil l'ombre indécise, l'ombre terne de la cour.

Alors, il vit une forme, une forme d'homme assis sur son fumier !

Il regardait cela perclus d'horreur[1] et haletant. Mais, soudain, il aperçut auprès de lui le manche de sa fourche piquée dans la terre ; il l'arracha du sol ; et, dans un de ces transports de peur qui rendent téméraires les plus lâches, il se rua en avant, pour voir.

1. perclus d'horreur : paralysé par l'horreur.

C'était lui, son Prussien, sorti fangeux de sa couche d'ordure qui l'avait réchauffé, ranimé. Il s'était assis machinalement, et il restait là, sous la neige qui le poudrait, souillé de saleté et de sang, encore hébété par l'ivresse, étourdi par le coup, épuisé par sa blessure.

Il aperçut Antoine, et, trop abruti pour rien comprendre, il fit un mouvement afin de se lever. Mais le vieux, dès qu'il l'eut reconnu, écuma ainsi qu'une bête enragée.

Il bredouillait : « Ah ! cochon ! cochon ! t'es pas mort ! Tu vas me dénoncer, à c't'heure... Attends... attends ! »

Et, s'élançant sur l'Allemand, il jeta en avant de toute la vigueur de ses deux bras sa fourche levée comme une lance, et il lui enfonça jusqu'au manche les quatre pointes de fer dans la poitrine.

Le soldat se renversa sur le dos en poussant un long soupir de mort, tandis que le vieux paysan, retirant son arme des plaies, la replongeait coup sur coup dans le ventre, dans l'estomac, dans la gorge, frappant comme un forcené[1], trouant de la tête aux pieds le corps palpitant dont le sang fuyait par gros bouillons.

Puis il s'arrêta, essoufflé de la violence de sa besogne, aspirant l'air à grandes gorgées, apaisé par le meurtre accompli.

Alors, comme les coqs chantaient dans les poulaillers et comme le jour allait poindre, il se mit à l'œuvre pour ensevelir l'homme.

Il creusa un trou dans le fumier, trouva la terre, fouilla plus bas encore, travaillant d'une façon désordonnée dans un emportement de force avec des mouvements furieux des bras et de tout le corps.

1. forcené : fou furieux.

Lorsque la tranchée fut assez creuse, il roula le cadavre dedans, avec la fourche, rejeta la terre dessus, la piétina longtemps, remit en place le fumier, et il sourit en voyant la neige épaisse qui complétait sa besogne, et couvrait les traces de son voile blanc.

Puis il repiqua sa fourche sur le tas d'ordure et rentra chez lui. Sa bouteille encore à moitié pleine d'eau-de-vie était restée sur une table. Il la vida d'une haleine, se jeta sur son lit, et s'endormit profondément.

Il se réveilla dégrisé[1], l'esprit calme et dispos, capable de juger le cas et de prévoir l'événement.

Au bout d'une heure il courait le pays en demandant partout des nouvelles de son soldat. Il alla trouver les officiers, pour savoir, disait-il, pourquoi on lui avait repris son homme.

Comme on connaissait leur liaison, on ne le soupçonna pas ; et il dirigea même les recherches en affirmant que le Prussien allait chaque soir courir le cotillon[2].

Un vieux gendarme en retraite, qui tenait une auberge dans le village voisin et qui avait une jolie fille, fut arrêté et fusillé.

1. dégrisé : sorti de son ivresse (qui n'est plus « gris »).

2. courir le cotillon : chercher des aventures amoureuses (cotillon : jupon).

L'ÉPOPÉE DE SAINT-ANTOINE

Un **récit épique** (ou **épopée**) relate les faits et gestes de personnages exceptionnels par leur force ou leur habileté.
Ex. : Achille dans *l'Iliade* d'Homère ou Roland dans *la Chanson de Roland.*

Les deux procédés les plus courants de l'écriture épique sont :
— l'**amplification** qui consiste à grandir les êtres, les objets et les actions (ex. : les géants Gargantua et Pantagruel chez Rabelais) ;

— la **simplification** qui consiste à organiser le récit autour de quelques personnages et quelques événements symboliques (ex. : la mort du héros dans *la Chanson de Roland*).

PORTRAIT D'UN « SAINT », MANGEUR D'HOMMES

1. Relevez dans les trois premiers paragraphes les noms et adjectifs qui font de « Saint-Antoine » **un personnage épique** (ici = exceptionnel par son physique).

2. Qu'est-ce qu'**un saint** ? Comment imaginez-vous la vie d'un saint ? Dès lors, les explications du surnom de « Saint-Antoine » vous paraissent-elles satisfaisantes ? En quoi la vie de « Saint-Antoine » s'écarte-t-elle de la vie d'un saint ?

3. Le premier paragraphe est composé d'une seule phrase complexe. Complétez l'analyse de cette phrase dans le tableau suivant :

	NATURE DE LA PROPOSITION	NATURE DU TERME INTRODUCTEUR
On l'appelait Saint-Antoine		
parce qu'il se nommait Antoine		
et aussi peut-être parce qu'il était bon vivant, joyeux, farceur, puissant mangeur et fort buveur, et vigoureux trousseur de servantes		
bien qu'il eût plus de soixante ans.		

4. La phrase étudiée précédemment est accumulative. Quel aspect du personnage de Saint-Antoine cette **accumulation** met-elle en valeur ? Recherchez d'autres exemples de phrases accumulatives dans le conte.

5. On appelle **homophonie** la répétition des mêmes sons dans plusieurs mots. Recherchez une homophonie dans le premier paragraphe. Dans quels mots la rencontre-t-on ? Quel est l'effet de ce procédé ? Cherchez d'autres mots qu'on pourrait appliquer à Saint-Antoine comportant les mêmes sons.

6. Un personnage épique est le plus souvent courageux. Mais Saint-Antoine l'est surtout en paroles. Relevez les termes du quatrième paragraphe qui montrent que Saint-Antoine est beau parleur et cherchez les preuves de son manque de courage.

7. Saint-Antoine promet de *« manger une armée ».* Cette exagération des termes s'appelle une **hyperbole.** Relevez dans le quatrième paragraphe d'autres signes de cet « appétit épique ». A quel personnage traditionnel des contes ce « mangeur d'hommes » fait-il penser ?

8. Voici quatre adjectifs appliqués à Saint-Antoine :
« madré », « entendu » (dans les affaires), *« sournois », « malin ».*
Ces termes sont-ils synonymes ? Quel trait de caractère soulignent-ils chez le personnage ? Comment celui-ci manifeste-t-il ce trait de caractère dans l'ensemble du conte ?

RÉCAPITULATION DES PROCÉDÉS ÉPIQUES ÉTUDIÉS

— Lexique de la grandeur, de la force
— Emploi d'hyperboles
— Emploi de l'accumulation

MÉTAPHORES ANIMALES

Toute l'histoire dans Saint-Antoine repose sur une **métaphore animale** :
— le comparé est un soldat prussien,
— le comparant est un cochon.

1. Qu'est-ce qui, dans la description du soldat prussien (l. 50 à 61), prépare la plaisanterie du *« cochon »* ?

2. De quelle façon le conte exploite-t-il dans l'aventure du soldat et de Saint-Antoine les différents aspects du cochon ?

— un animal domestique
— un animal qu'on engraisse
— un animal vorace et malpropre
— un animal qui grogne
— un animal entêté
— un animal qu'on tue pour sa viande
— un animal dont on mange différents morceaux.

3. La métaphore du cochon est extrêmement péjorative. Qu'est-ce qui, dans le contexte de l'histoire, explique cette (mauvaise) plaisanterie ?

4. Voici d'autres animaux qui peuvent devenir les comparants d'humains dans une métaphore. Quels caractères physiques ou moraux leur associez-vous ?

— une cigale	— un âne
— une chauve-souris	— un pigeon
— une vipère	— un aiglon
— une taupe	— un ours
— une tortue	— un lion

5. Choisissez un animal dans la liste précédente et créez une métaphore en développant, à propos d'un personnage humain, quelques-uns des caractères de l'animal en question.
Ex. : Elle avait une voix de cigale et, lorsqu'elle sortait, maigre et légère, on avait toujours peur qu'un courant d'air ne l'emportât.

6. Créez un personnage d'humain-animal comme le « cochon » de Saint-Antoine et racontez une de ses aventures en gardant toujours à l'esprit les caractères propres de l'animal choisi comme comparant.

7. Dans le conte, tout est vu du côté français et le Prussien apparaît d'autant plus grotesque qu'il n'a pratiquement pas la parole. Imaginez à quel animal il pourrait comparer Saint-Antoine et la manière dont il pourrait décrire leur vie commune.

8. Voici un extrait amusant de Gustave Flaubert : *La Tentation de Saint Antoine*.

Atelier d'écriture

Dans cette pièce de théâtre, Flaubert reprend la légende selon laquelle Saint Antoine (le vrai !) vivait, retiré du monde, avec pour compagnon un cochon. Ce dernier se considère comme la créature la plus parfaite et se décrit ainsi :

LE COCHON, à part.

Vautré dans ma fange, je m'y délecte tout le jour ; puis séchée sur mon corps, elle me fait une cuirasse contre les moucherons ; je mire dans l'eau des mares ma robuste figure, j'aime à me voir, je dévore tout, depuis les immondices jusqu'aux serpents ; les chevreuils n'ont pas les pattes plus minces, et sur mes yeux tombent mes oreilles pendantes, recourbées comme des parasols. De mon groin mobile, dans les sables chauds c'est moi qui vais déterrant la truffe de Libye et qui écrase sous mes molaires sa chair savoureuse. Je dors, je fiente à mon aise, je digère tout ; d'aplomb sur mes sabots fendus, je porte mon gros ventre, et j'ai tout le long de la peau de bons poils durs.

Gustave Flaubert, *La Tentation de Saint Antoine* (version de 1849, I).

Création : votre animal favori fait son autoportrait comme le cochon dans le texte précédent.

9. Lecture : *les Fables* de La Fontaine où on ne rencontre pas des humains-animaux mais plutôt des animaux-humains.

Atelier de lecture

DE LA FARCE AU DRAME

1. Parmi les sens suivants du mot « **farce** », lesquels vous semblent représentés dans l'histoire de Saint-Antoine et de son « cochon » :
farce =
- petite pièce comique populaire où dominent les jeux de scène ;
- genre comique et grossier ;
- tour plaisant qu'on joue à quelqu'un ;
- hachis d'aliments (viande ou autres) qui sert à remplir des mets (tomates, chou, volaille, etc.).

2. Comment se combinent ces différents sens dans l'épisode du repas (l. 168 à 195) ?

3. Relevez quelques procédés d'amplification épique dans cet épisode (cf. Atelier de lecture, p. 112) et montrez le caractère excessif des actions et des situations.

4. Dans toute farce, il y a un trompeur et un trompé. Dans *Saint-Antoine*, qu'est-ce qui permet de faire durer la farce ?

5. Expliquez l'expression (l. 190) : *« C'était une lutte, une bataille, une revanche ! »*

6. A partir de quel moment le récit bascule-t-il de la **farce** dans l'**horreur** ?

7. Montrez que les éléments suivants contribuent à suggérer **la montée de la peur** :
- le lexique des sentiments éprouvés par Saint-Antoine (étudiez la progression des termes synonymes de peur) ;
- le rythme du récit et la multiplication des « accidents » ;
- la transformation progressive du paysage ;
- l'intervention du chien ;
- le glissement vers le fantastique.

8. Le discours (intérieur) de Saint-Antoine, dans l'extrait suivant, est rapporté au **style indirect libre** :
« Qu'allait-il faire ? Il serait fusillé ! On brûlerait sa ferme, on ruinerait le pays ? Que faire ? Que faire ? »
- Recherchez d'autres exemples d'indirect libre dans la suite du conte.
- Transposez l'extrait précédent au **style direct** :
  Saint-Antoine se disait ! « Que vais-je faire ? »...
- Transposez maintenant au **style indirect** :
  Saint-Antoine se demandait ce qu'il allait faire...
- Faites le point sur les transformations que vous avez opérées en complétant le tableau suivant :

Atelier de lecture

	INDIRECT LIBRE	INDIRECT	DIRECT
INDICES PERSONNELS	il, sa		
TEMPS DES VERBES	imparfait, conditionnel, infinitif		
TYPE DE PHRASE	interrogatif		

9. Étudiez la conclusion du récit. En quoi est-elle la conclusion logique d'un conte cruel ?

10. Exposé : le thème de la guerre dans les *Contes* de Maupassant (cf. dans ce recueil, *La Folle,* p. 17 et dossier, p. 26).

Atelier d'écriture

Racontez la farce que vous avez jouée à un de vos amis ou la farce dont vous avez été la victime.

DOSSIER

L'APPÉTIT ÉPIQUE

Pour le héros du conte Saint-Antoine, manger son « cochon » est une forme de vengeance contre l'occupant prussien. L'appétit épique du personnage est tout à fait rabelaisien. Ne voit-on pas, chez Rabelais, Gargantua, manger en salade six pèlerins (Extrait 1) ! Quant aux personnages de l'Assommoir (Extrait 2), s'ils dévorent, c'est pour mieux se cacher l'étendue de leur misère. Chez Zola, Maupassant ou Rabelais l'appétit épique est toujours un appétit du langage, croqué à belles dents par l'écrivain, mangeur de mots.

Extrait 1.

Il faut que nous racontions ce qui advint à six pèlerins, qui venaient de Saint-Sébastien, près de Nantes, et qui, pour se loger cette nuit, de peur des ennemis, s'étaient cachés au jardin, sur les tiges de pois, entre les choux et les laitues. Gargantua se trouva quelque peu altéré et demanda si l'on pourrait trouver des laitues pour faire une salade, et entendant qu'il y en avait des plus belles et grandes du pays, car elles étaient grandes comme pruniers ou noyers, y voulut aller lui-même et en emporta dans sa main ce que bon lui sembla. Il emporta en même temps les six pèlerins qui avaient si grande peur qu'ils n'osaient ni parler, ni tousser.
Les lavant donc premièrement en la fontaine, les pèlerins disaient à voix basse l'un à l'autre : « Que faut-il faire ? Nous nous noyons ici entre ces laitues. Parlerons-nous ? Mais si nous parlons, il nous tuera comme espions. » Et comme ils délibéraient ainsi, Gargantua les mit avec ses laitues dans un plat de la maison grand comme la tonne de Citeaux[1], avec huile, vinaigre et sel, les mangeait pour se rafraîchir avant le souper et avait déjà englouti cinq des pèlerins. Le sixième était dans le plat, caché sous une laitue, excepté son bourdon[2] qui apparaissait au-dessus. Le voyant, Grandgousier dit à Gargantua :
« Je crois que c'est là une corne de limaçon ; ne le mangez point.
— Pourquoi ? dit Gargantua. Ils sont bons tout ce mois. »
Et tirant le bourdon, ensemble enleva le pèlerin, et le mangeait très bien, puis but un horrible trait de vin pineau et ils attendirent que l'on apprêtât le souper.

Les pèlerins ainsi dévorés se tirèrent des meules de ses dents le mieux qu'ils purent, et pensaient qu'on les avait mis dans quelque basse-fosse des prisons, et quand Gargantua but le grand trait, ils crurent se noyer dans sa bouche et le torrent du vin les emporta presque dans le gouffre de l'estomac ; toutefois, sautant avec leurs bourdons, comme font les miquelots[3], ils gagnèrent l'air libre à l'orée des dents. Mais par malheur, l'un d'eux, tâtant avec son bourdon le pays pour savoir s'ils étaient en sûreté, frappa rudement au défaut d'une dent creuse et toucha le nerf de la mandibule, ce qui fit une très grande douleur à Gargantua qui commença à crier de la rage qu'il endurait. Pour donc se soulager du mal, il fit apporter son cure-dent et, sortant vers le noyer grollier[4], vous dénicha Messieurs les pèlerins. Car il attrapait l'un par les jambes, l'autre par les épaules, l'autre par la besace, l'autre par la bourse, l'autre par l'écharpe, et le pauvre hère qui l'avait frappé de son bourdon, il l'accrocha par la braguette.

Rabelais, *Gargantua* (Ch. XXXVIII), langue modernisée.

1. la tonne de Citeaux : un énorme tonneau de l'abbaye de Citeaux en Bourgogne
2. bourdon : bâton de pèlerin
3. Miquelots : pèlerins qui vont à Saint-Michel
4. noyer grollier : noyer à noix très dures

DOSSIER

Extrait 2.

(C'est la fête de Gervaise. Au cœur du repas, et au milieu de la table trône une blanquette déjà bien entamée.)

Ah ! tonnerre ! quel trou dans la blanquette ! Si l'on ne parlait guère, on mastiquait ferme. Le saladier se creusait, une cuiller plantée dans la sauce épaisse, une bonne sauce jaune qui tremblait comme une gelée. Là-dedans, on pêchait les morceaux de veau ; et il y en avait toujours, le saladier voyageait de main en main, les visages se penchaient et cherchaient des champignons. Les grands pains, posés contre le mur, derrière les convives, avaient l'air de fondre. Entre les bouchées, on entendait les culs des verres retomber sur la table. La sauce était un peu trop salée, il fallut quatre litres pour noyer cette bougresse de blanquette, qui s'avalait comme une crème et qui vous mettait un incendie dans le ventre. Et l'on n'eut pas le temps de souffler, l'épinée de cochon, montée sur un plat creux, flanquée de grosses pommes de terre rondes, arrivait au milieu d'un nuage. Il y eut un cri. Sacré nom ! c'était trouvé ! Tout le monde aimait ça. Pour le coup, on allait se mettre en appétit ; et chacun suivait le plat d'un œil oblique, en essuyant son couteau sur son pain, afin d'être prêt. Puis, lorsqu'on se fut servi, on se poussa du coude, on parla, la bouche pleine. Hein ? quel beurre, cette épinée ! quelque chose de doux et de solide qu'on sentait couler le long de son boyau, jusque dans ses bottes. Les pommes de terre étaient un sucre. Ça n'était pas salé ; mais, juste à cause des pommes de terre, ça demandait un coup d'arrosoir toutes les minutes. On cassa le goulot à quatre nouveaux litres. Les assiettes furent si proprement torchées, qu'on n'en changea pas pour manger les pois au lard. Oh ! les légumes ne tiraient pas à conséquence. On gobait ça à pleine cuiller, en s'amusant. De la vraie gourmandise enfin, comme qui dirait le plaisir des dames. Le meilleur, dans les pois, c'étaient les lardons grillés à point, puant le sabot de cheval. Deux litres suffirent.

ZOLA, *L'assommoir*, Ch. 7, 1877.

LE DIABLE

Le paysan restait debout en face du médecin, devant le lit de la mourante. La vieille, calme, résignée, lucide, regardait les deux hommes et les écoutait causer. Elle allait mourir ; elle ne se révoltait pas, son temps était fini, elle avait quatre-vingt-douze ans.

Par la fenêtre et la porte ouvertes, le soleil de juillet entrait à flots, jetait sa flamme chaude sur le sol de terre brune, onduleux et battu par les sabots de quatre générations de rustres. Les odeurs des champs venaient aussi, poussées par la brise cuisante, odeurs des herbes, des blés, des feuilles, brûlés sous la chaleur de midi. Les sauterelles s'égosillaient, emplissaient la campagne d'un crépitement clair, pareil au bruit des criquets de bois qu'on vend aux enfants dans les foires.

Le médecin, élevant la voix, disait :

« Honoré, vous ne pouvez pas laisser votre mère toute seule dans cet état-là. Elle passera d'un moment à l'autre ! »

Et le paysan, désolé, répétait :

« Faut pourtant que j'rentre mon blé ; v'là trop longtemps qu'il est à terre. L'temps est bon, justement. Qué qu't'en dis, ma mé[1] ? »

Et la vieille mourante, tenaillée encore par l'avarice normande, faisait « oui » de l'œil et du front, engageait son fils à rentrer son blé et à la laisser mourir toute seule.

Mais le médecin se fâcha et, tapant du pied :

« Vous n'êtes qu'une brute, entendez-vous, et je ne vous permettrai pas de faire ça, entendez-vous ! Et, si vous êtes forcé de rentrer votre blé aujourd'hui même, allez chercher la

1. ma mé : ma mère (dialecte normand).

Rapet, parbleu ! et faites-lui garder votre mère. Je le veux, entendez-vous ! Et si vous ne m'obéissez pas, je vous laisserai crever comme un chien, quand vous serez malade à votre tour, entendez-vous ? »

Le paysan, un grand maigre, aux gestes lents, torturé par l'indécision, par la peur du médecin et par l'amour féroce de l'épargne, hésitait, calculait, balbutiait :

« Comben qu'é prend, la Rapet, pour une garde ? »

Le médecin criait :

« Est-ce que je sais, moi ? Ça dépend du temps que vous lui demanderez. Arrangez-vous avec elle, morbleu ! Mais je veux qu'elle soit ici dans une heure, entendez-vous ? »

L'homme se décida :

« J'y vas, j'y vas ; vous fâchez point, m'sieu l'médecin. »

Et le docteur s'en alla, en rappelant :

« Vous savez, vous savez, prenez garde, car je ne badine[1] pas quand je me fâche, moi ! »

Dès qu'il fut seul, le paysan se tourna vers sa mère, et, d'une voix résignée :

« J'vas quéri[2] la Rapet, pisqu'il veut, c't'homme. T'éluge[3] point tant qu'je r'vienne. »

Et il sortit à son tour.

La Rapet, une vieille repasseuse, gardait les morts et les mourants de la commune et des environs. Puis, dès qu'elle avait cousu ses clients dans le drap dont ils ne devaient plus sortir, elle revenait prendre son fer dont elle frottait le linge des vivants. Ridée comme une pomme de l'autre année, méchante, jalouse, avare d'une avarice tenant du phénomène, courbée en deux comme si elle eût été cassée

1. badiner : plaisanter.

2. quérir : chercher.

3. s'éluger : s'inquiéter (en dialecte normand).

aux reins par l'éternel mouvement du fer promené sur les toiles, on eût dit qu'elle avait pour l'agonie une sorte d'amour monstrueux et cynique[1]. Elle ne parlait jamais que des gens qu'elle avait vus mourir, de toutes les variétés de trépas auxquelles elle avait assisté ; et elle les racontait avec une grande minutie de détails toujours pareils, comme un chasseur raconte ses coups de fusil.

Quand Honoré Bontemps entra chez elle, il la trouva préparant de l'eau bleue[2] pour les collerettes des villageoises.

Il dit :

« Allons, bonsoir ; ça va-t-il comme vous voulez, la mé Rapet ? »

Elle tourna vers lui la tête :

« Tout d'même, tout d'même. Et d' vot' part ?

— Oh ! d'ma part, ça va-t-à volonté, mais c'est ma mé qui n'va point.

— Vot' mé ?

— Oui, ma mé !

— Qué qu'alle[3] a votre mé ?

— All'a qu'a va tourner d'l'œil ! »

La vieille femme retira ses mains de l'eau, dont les gouttes, bleuâtres et transparentes, lui glissaient jusqu'au bout des doigts, pour retomber dans le baquet.

Elle demanda, avec une sympathie subite :

« All'est si bas qu'ça ?

— L'médecin dit qu'all' n'passera point la r'levée[4].

— Pour sûr qu'all' est bas alors ! »

Honoré hésita. Il lui fallait quelques préambules[5] pour la proposition qu'il préparait. Mais,

1. cynique : immoral.

2. eau bleue : colorant dont se servent les blanchisseuses pour azurer le linge.

3. alle, all', a : elle (déformation normande).

4. la relevée : le lendemain matin.

5. préambule : discours d'introduction.

comme il ne trouvait rien, il se décida tout d'un coup :

« Comben qu'vous m'prendrez pour la garder jusqu'au bout ? Vô savez que j'sommes point riche. J'peux seulement point m'payer eune servante. C'est ben ça, qui l'a mise là, ma pauv' mé, trop d'élugement[1], trop d'fatigue ! A travaillait comme dix, nonobstant[2] ses quatre-vingt-douze. On n'en fait pu de c'te graine-là !... »

La Rapet répliqua gravement :

« Y a deux prix : quarante sous l'jour, et trois francs la nuit pour les riches. Vingt sous l'jour et quarante la nuit pour l'zautres. Vô m'donnerez vingt et quarante[3]. »

Mais le paysan réfléchissait. Il la connaissait bien, sa mère. Il savait comme elle était tenace, vigoureuse, résistante. Ça pouvait durer huit jours, malgré l'avis du médecin.

Il dit résolument :

« Non. J'aime ben qu'vô me fassiez un prix, là, un prix pour jusqu'au bout. J'courrons la chance d'part et d'autre. L'médecin dit qu'alle passera tantôt. Si ça s'fait tant mieux pour vous, tant pis pour mé. Ma si all' tient jusqu'à demain ou pu longtemps tant mieux pour mé, tant pis pour vous ! »

La garde, surprise, regardait l'homme. Elle n'avait jamais traité un trépas à forfait. Elle hésitait, tentée par l'idée d'une chance à courir. Puis elle soupçonna qu'on voulait la jouer.

« J'peux rien dire tant qu'j'aurai point vu vot' mé, répondit-elle.

— Vn'ez-y, la vé[4]. »

Elle essuya ses mains et le suivit aussitôt.

En route, ils ne parlèrent point. Elle allait

1. **élugement : inquitude (en dialecte normand).**

2. **nonobstant : malgré.**

3. ***cf.* tableau des monnaies p. 187.**

4. **Vnez-y la vé : venez la voir.**

d'un pied pressé, tandis qu'il allongeait ses grandes jambes comme s'il devait, à chaque pas, traverser un ruisseau.

Les vaches couchées dans les champs, accablées par la chaleur, levaient lourdement la tête et poussaient un faible meuglement vers ces deux gens qui passaient, pour leur demander de l'herbe fraîche.

En approchant de sa maison, Honoré Bontemps murmura :

« Si c'était fini, tout d'même ? »

Et le désir inconscient qu'il en avait se manifesta dans le son de sa voix.

Mais la vieille n'était point morte. Elle demeurait sur le dos, en son grabat[1], les mains sur la couverture d'indienne[2] violette, des mains affreusement maigres, nouées, pareilles à des bêtes étranges, à des crabes, et fermées par les rhumatismes, les fatigues, les besognes presque séculaires[3] qu'elles avaient accomplies.

1. grabat : pauvre lit.

2. indienne : étoffe bon marché en coton imprimé.

3. séculaire : qui a duré un siècle.

La Rapet s'approcha du lit et considéra la mourante. Elle lui tâta le pouls, lui palpa la poitrine, l'écouta respirer, la questionna pour l'entendre parler ; puis l'ayant encore longtemps contemplée, elle sortit suivie d'Honoré. Son opinion était assise. La vieille n'irait pas à la nuit. Il demanda :

« Hé ben ? »

La garde répondit :

« Hé ben, ça durera deux jours, p'têt' trois. Vous me donnerez six francs, tout compris. »

Il s'écria :

« Six francs ! six francs ! Avez-vous perdu le sens ? Mé, je vous dis qu'elle en a pour cinq ou six heures, pas plus ! »

Et ils discutèrent longtemps, acharnés tous

deux. Comme la garde allait se retirer, comme le temps passait, comme son blé ne se rentrerait pas tout seul, à la fin, il consentit :

« Eh ben, c'est dit, six francs, tout compris, jusqu'à la l'vée du corps.

— C'est dit, six francs. »

Et il s'en alla, à longs pas, vers son blé couché sur le sol, sous le lourd soleil qui mûrit les moissons.

La garde rentra dans la maison.

Elle avait apporté de l'ouvrage ; car auprès des mourants et des morts elle travaillait sans relâche, tantôt pour elle, tantôt pour la famille qui l'employait à cette double besogne moyennant un supplément de salaire.

Tout à coup, elle demanda :

« Vous a-t-on administrée[1] au moins, la mé Bontemps ? »

La paysanne fit « non » de la tête ; et la Rapet qui était dévote[2] se leva avec vivacité.

« Seigneur Dieu, c'est-il possible ? J'vas quérir m'sieur l'curé. »

Et elle se précipita vers le presbytère[3], si vite, que les gamins, sur la place, la voyant trotter ainsi, crurent un malheur arrivé.

Le prêtre s'en vint aussitôt en surplis[4], précédé de l'enfant de chœur qui sonnait une clochette pour annoncer le passage de Dieu dans la campagne brûlante et calme. Des hommes, qui travaillaient au loin, ôtaient leurs grands chapeaux et demeuraient immobiles en attendant que le blanc vêtement eût disparu derrière une ferme ; les femmes qui ramassaient les gerbes se redressaient pour faire le signe de la croix, des poules noires, effrayées, fuyaient le long des fossés en se balançant sur leurs pattes

1. administrer : donner les derniers sacrements.

2. dévote : attachée à la pratique de la religion.

3. presbytère : maison du curé.

4. surplis : vêtement plissé à manches larges porté sur la soutane.

jusqu'au trou, bien connu d'elles, où elles disparaissaient brusquement ; un poulain, attaché dans un pré, prit peur à la vue du surplis et se mit à tourner en rond au bout de sa corde, en lançant des ruades. L'enfant de chœur, en jupe rouge, allait vite ; et le prêtre, la tête inclinée sur une épaule et coiffé de sa barrette[1] carrée, le suivait en murmurant des prières ; et la Rapet venait derrière, toute penchée, pliée en deux, comme pour se prosterner[2] en marchant, et les mains jointes, comme à l'église.

Honoré, de loin, les vit passer. Il demanda :

« Oùsqu'i va, not'curé ? »

Son valet, plus subtil, répondit :

« I porte l'bon Dieu à ta mé, pardi ! »

Le paysan ne s'étonna pas :

« Ça s'peut ben, tout d'même ! »

Et il se remit au travail.

La mère Bontemps se confessa, reçut l'absolution, communia ; et le prêtre s'en revint, laissant seules les deux femmes dans la chaumière étouffante.

Alors la Rapet commença à considérer la mourante, en se demandant si cela durerait longtemps.

Le jour baissait ; l'air plus frais entrait par souffles plus vifs, faisait voltiger contre le mur une image d'Épinal[3] tenue par deux épingles ; les petits rideaux de la fenêtre, jadis blancs, jaunes maintenant et couverts de taches de mouche, avaient l'air de s'envoler, de se débattre, de vouloir partir, comme l'âme de la vieille.

Elle, immobile, les yeux ouverts, semblait attendre avec indifférence la mort si proche qui tardait à venir. Son haleine, courte, sifflait un peu dans sa gorge serrée. Elle s'arrêterait tout à

1. barrette : toque carrée à quatre cornes.

2. se prosterner : s'incliner vers la terre pour prier.

3. image d'Épinal : gravure souvent naïve d'inspiration populaire imprimée dans les Vosges à Épinal au XIXe siècle.

l'heure, et il y aurait sur la terre une femme de moins, que personne ne regretterait.

A la nuit tombante, Honoré rentra. S'étant approché du lit, il vit que sa mère vivait encore, et il demanda :

« Ça va-t-il ? »

Comme il faisait autrefois quand elle était indisposée.

Puis il renvoya la Rapet en lui recommandant :

« D'main, cinq heures, sans faute. »

Elle répondit :

« D'main, cinq heures. »

Elle arriva, en effet, au jour levant.

Honoré, avant de se rendre aux terres, mangeait sa soupe, qu'il avait faite lui-même.

La garde demanda :

« Eh ben, vot' mé a-t-all' passé ? »

Il répondit, avec un pli malin au coin des yeux :

« All' va plutôt mieux. »

Et il s'en alla.

La Rapet, saisie d'inquiétude, s'approcha de l'agonisante, qui demeurait dans le même état, oppressée et impassible, l'œil ouvert et les mains crispées sur sa couverture.

Et la garde comprit que cela pouvait durer deux jours, quatre jours, huit jours ainsi ; et une épouvante étreignit son cœur d'avare, tandis qu'une colère furieuse la soulevait contre ce finaud qui l'avait jouée et contre cette femme qui ne mourait pas.

Elle se mit au travail néanmoins et attendit, le regard fixé sur la face ridée de la mère Bontemps.

Honoré revint pour déjeuner ; il semblait

1. goguenard : moqueur.

content, presque goguenard[1], puis il repartit. Il rentrait son blé, décidément, dans des conditions excellentes.

La Rapet s'exaspérait ; chaque minute écoulée lui semblait, maintenant, du temps volé, de l'argent volé. Elle avait envie, une envie folle de prendre par le cou cette vieille bourrique, cette vieille têtue, cette vieille obstinée, et d'arrêter, en serrant un peu, ce petit souffle rapide qui lui volait son temps et son argent.

Puis elle réfléchit au danger ; et, d'autres idées lui passant par la tête, elle se rapprocha du lit.

Elle demanda :

« Vous avez-t-il déjà vu l'Diable ? »

La mère Bontemps murmura :

« Non. »

Alors la garde se mit à causer, à lui conter des histoires pour terroriser son âme débile de mourante.

Quelques minutes avant qu'on expirât, le Diable apparaissait, disait-elle, à tous les agonisants. Il avait un balai à la main, une marmite sur la tête, et il poussait de grands cris. Quand on l'avait vu, c'était fini, on n'en avait plus que pour peu d'instants. Et elle énumérait tous ceux à qui le Diable était apparu devant elle, cette année-là : Joséphin Loisel, Eulalie Ratier, Sophie Padagnau, Séraphine Grospied.

La mère Bontemps, émue enfin, s'agitait, remuait les mains, essayait de tourner la tête pour regarder au fond de la chambre.

Soudain la Rapet disparut au pied du lit. Dans l'armoire, elle prit un drap et s'enveloppa dedans ; elle se coiffa de la marmite, dont les trois pieds courts et courbés se dressaient ainsi que trois cornes ; elle saisit un balai de sa main droite, et, de la main gauche, un seau de fer-blanc, qu'elle jeta brusquement en l'air pour qu'il retombât avec bruit.

Il fit, en heurtant le sol, un fracas épouvantable ; alors, grimpée sur une chaise, la garde souleva le rideau qui pendait au bout du lit, et elle apparut, gesticulant, poussant des clameurs aiguës au fond du pot de fer qui lui cachait la face, et menaçant de son balai, comme un diable de guignol, la vieille paysanne à bout de vie.

Éperdue, le regard fou, la mourante fit un effort surhumain pour se soulever et s'enfuir ; elle sortit même de sa couche ses épaules et sa poitrine ; puis elle retomba avec un grand soupir. C'était fini.

Et la Rapet, tranquillement, remit en place tous les objets, le balai au coin de l'armoire, le drap dedans, la marmite sur le foyer, le seau sur la planche et la chaise contre le mur. Puis, avec les gestes professionnels, elle ferma les yeux énormes de la morte, posa sur le lit une assiette, versa dedans l'eau du bénitier, y trempa le buis cloué sur la commode et, s'agenouillant, se mit à réciter avec ferveur les prières des trépassés qu'elle savait par cœur, par métier.

Et quand Honoré rentra, le soir venu, il la trouva priant, et il calcula tout de suite qu'elle gagnait encore vingt sous sur lui, car elle n'avait passé que trois jours et une nuit, ce qui faisait en tout cinq francs, au lieu de six qu'il lui devait.

TEST DE LECTURE

Après avoir lu le conte, cochez les réponses qui conviennent **sans relire le texte.**

1. Le mois de l'année où se situe l'action

☐ juillet ☐ octobre ☐ mai

2. Celui qui conseille à Honoré de faire garder sa mère est

☐ le maire ☐ le curé ☐ le médecin

3. Le métier de la Rapet

☐ mercière ☐ repasseuse ☐ couturière

4. Badiner signifie

☐ moissonner ☐ plaisanter ☐ couper le bois

5. Bontemps et la Rapet se mettent d'accord sur la somme de

☐ dix francs ☐ vingt francs ☐ six francs

6. La Rapet va chercher le curé

☐ à l'église ☐ au presbytère ☐ chez une malade

7. La Rapet commence à s'inquiéter de la longueur de la garde

☐ le deuxième jour ☐ le troisième jour ☐ le cinquième jour

8. Pour effrayer la mourante, la Rapet se coiffe avec

☐ un bonnet d'âne ☐ un drap ☐ une marmite

9. Après son crime, la Rapet

☐ s'enfuit ☐ va chercher les voisins ☐ se met à prier

10. Quand sa mère est morte, Honoré pense

☐ qu'il a gagné de l'argent ☐ qu'il en a perdu ☐ que la Rapet et lui sont quittes

ÉVALUATION

— **Entre 8 et 10 réponses exactes :**	bravo ! vous êtes un lecteur attentif.
— **Entre 5 et 8 réponses exactes :**	vous pouvez encore gagner en précision dans votre lecture.
— **Moins de 5 réponses exactes :**	vous avez survolé le texte. Relisez-le.

LA VIE CONTINUE

Le diable est l'histoire d'une **mort lente** qui n'en finit pas d'arriver, tandis que **la vie continue** tout autour, vie à laquelle les passions, les intérêts, la course au profit impriment un rythme trépidant.

1. Le temps des moissons

La présence simultanée de la vie et de la mort apparaît dès le début du conte.

— Relevez dans le début du texte deux expressions imagées servant à évoquer le caractère imminent de la mort.

— Dans ce contexte de mort imminente, quel rôle joue la description de la nature qui occupe tout le second paragraphe ? Relevez, dans ce paragraphe, tous les éléments qui peuvent symboliser la vie. Classez ensuite les éléments de la description en différents groupes selon qu'ils s'adressent :

- **à la vue**
- **à l'ouïe**
- **à l'odorat**
- **au toucher**

Relevez enfin dans ce passage descriptif trois **allitérations** (répétition d'un même son consonne). Quel effet l'auteur a-t-il voulu produire ?

2. Le temps des passions

— Quelle est la passion commune aux trois personnages principaux du conte (Bontemps, la mourante et la Rapet) ? Relevez les mots et expressions du texte qui le prouvent. Montrez en quoi la mort de la vieille paysanne est un fâcheux contretemps pour son fils, puis pour la gardienne. Relevez et commentez toutes les expressions du texte qui prouvent que pour les deux personnages, il s'agit de **gagner du temps**.

— Quelles sont les deux activités qui occupent la Rapet ?

En vous appuyant sur un commentaire précis d'expressions relevées dans les l. 7 à 79, montrez comment la vie et la mort sont indissociablement mêlées.

Ex. : « Elle gardait les morts et mourants... » « Dès qu'elle avait cousu ses clients dans le drap dont ils ne devaient plus sortir, elle revenait prendre son fer dont elle frottait le linge des vivants. »

3. Le rythme du conte

Gagner du temps, ne pas perdre son temps est aussi la préoccupation du conteur qui, dans le cadre d'une courte nouvelle doit mettre en scène toutes les stratégies de ses personnages avec la plus grande efficacité possible.

– Étudiez le dialogue entre Bontemps et la Rapet (l. 84 à l. 139).

• Quel est le sujet de cette entrevue ? Expliquez l'expression *« traiter un trépas à forfait »* (l. 134). Dans quelle autre circonstance de la vie paysanne pourrait-on rencontrer ce genre de marchandage ?

• Relevez les mots appartenant au lexique du commerce.

• Que révèlent les réflexions des personnages (monologues intérieurs) intercalées entre les répliques de leur dialogue ?

• Donnez un titre aux différentes étapes de la « bataille » que se livrent la Rapet et Bontemps :

ÉTAPES DU DIALOGUE	TITRES
Quand Honoré Bontemps entra chez elle... La proposition qu'il préparait.	La préparation du terrain
Mais comme il ne trouvait rien... Vô m' donnerez vingt et quarante.	
Mais le payan réfléchissait ... elle soupçonna qu'on voulait la jouer.	
J'peux rien dire ... La vieille n'irait pas à la nuit.	
Il demanda : « Hé ben ? ... — C'est dit, six francs. »	

Atelier de lecture

– Étudiez les **changements de temps** dans cette partie du conte. Que traduisent-ils ?

– Étudiez le récit de la l. 193 à la l. 224.

Le dialogue a permis à l'écrivain de donner au conte un rythme très dynamique. D'autres procédés plus caractéristiques du récit sont également employés pour créer le rythme rapide de la vie. A vous de les repérer à partir de l'étude attentive du récit du curé traversant la campagne : relevez les verbes et les adverbes évoquant des actions rapides ; soulignez dans chaque phrase, le sujet de la proposition principale. Combien de sujets différents rencontre-t-on dans ce paragraphe ? Quel effet obtient le narrateur en juxtaposant l'évocation des femmes faisant le signe de croix et des poules noires s'enfuyant ? Quel autre rapprochement vous paraît significatif ? Quel fil relie entre elles les différentes images présentées par le texte ? Par quel moyen syntaxique cette continuité est-elle renforcée dans la dernière phrase du paragraphe. (*« L'enfant de chœur... comme à l'église » ?)*

Atelier d'écriture

L'ORAL ET L'ÉCRIT

Dans ce récit, comme dans beaucoup de ses contes normands, Maupassant a cherché à restituer les **déformations de la langue** propres au parler paysan mais aussi l'**accent** particulier du pays de Caux.
Ex. : « I porte l'bon Dieu à ta mé, pardi ! »
(= Il porte le bon Dieu à ta mère, pardi !)

1. A l'oral, on a tendance :

- à « manger » les syllabes :
- à prendre des libertés avec la grammaire (constructions incomplètes ou renforcées) ;
- à utiliser fréquemment l'exclamation et l'interrogation.

Choisissez dans *Le Diable* trois répliques prononcées par Honoré ou la Rapet ; traduisez-les en français courant et étudiez **les différents aspects de l'oral** soulignés précédemment. Distinguez les déformations caractéristiques de l'accent normand. Comment expliquez-vous la différence entre le langage parlé par Bontemps et celui du médecin au début du conte ?

2. Enregistrez une conversation dans votre école (cour de recréation) ou dans la rue et essayez de transcrire quelques phrases en restituant avec le plus d'exactitude possible la prononciation particulière de chaque participant à ce dialogue.

3. Atelier-théâtre :

— Découpez le conte en **tableaux** afin de l'adapter au théâtre.
(Par exemple, les personnages du premier tableau seraient Honoré, sa mère et le médecin.)

— Indiquez pour chaque tableau, **le lieu de l'action**.
Ex. : **Tableau I.** *Une salle de ferme. La scène se passe autour du lit de la mourante.*

— Réécrivez les dialogues en intégrant dans des **apartés** les réflexions que les personnages se font en eux-mêmes et en essayant de conserver le parler normand.

— **Mimez** la scène finale en vous munissant de quelques accessoires effrayants !

4. Recherche. faites une enquête sur les **dialectes** ou **patois** parlés dans votre région.

Atelier de lecture

HUMOUR NOIR

1. Le comique des noms

Le nom d'un personnage est souvent **significatif**. Voici la liste des noms des personnages évoqués dans *Le Diable* :

- Honoré Bontemps
- La Rapet
- Joséphin Loisel
- Eulalie Ratier
- Sophie Padagnau
- Séraphine Grospied

— Cherchez le sens des mot *« rapé »*, *« rapine »* et *« rapiat »*.

— En quoi le nom des deux personnages principaux est-il en rapport avec leur caractère ou la situation ?

— Qu'y a-t-il de **comique** dans la liste des noms des victimes du diable ? Quel rapport ces noms entretiennent-ils avec le contexte rural du récit ?

— Dans le même esprit, créez un nom pour le médecin, le curé et son enfant de chœur.

2. L'humour et l'ironie

Le Diable représente admirablement l'**humour noir** de Maupassant. En effet, la Rapet, malgré sa noirceur, est un personnage comique et même une actrice comique.

— Relevez dans la scène finale les éléments qui la décrivent
- comme une criminelle :
- comme une comédienne :

— Qu'y a-t-il d'**ironique** de la part du narrateur, dans l'évocation de la Rapet accomplissant, après son crime, *« les gestes professionnels »* et les prières des trépassés ?

— En quoi la Rapet est-elle « diabolique » ? A quel personnage traditionnel des contes est-on tenté de la comparer ?

DIABLERIE

Proche du conte est la **fable** *: dans « Le Curé et le Mort », La Fontaine s'est inspiré d'un fait divers réel pour brosser le portrait d'un prêtre peu catholique et le faire passer de vie à trépas. Voici encore de l'humour noir !*

LE CURÉ ET LE MORT

Un mort s'en allait tristement
S'emparer de son dernier gîte ;
Un curé s'en allait gaîment
Enterrer ce mort au plus vite.
Notre défunt était en carrosse porté,
Bien et dûment empaqueté,
Et vêtu d'une robe hélas ! qu'on nomme bière,
Robe d'hiver, robe d'été,
Que les morts ne dépouillent guère.
Le pasteur était à côté,
Et récitait à l'ordinaire
Maintes dévotes oraisons,
Et des psaumes et des leçons,
Et des versets, et des répons :
« Monsieur le mort, laissez-nous faire,
On vous en donnera de toutes les façons ;
Il ne s'agit que du salaire. »
Messire Jean Chouart couvait des yeux son mort,
Comme si l'on eût dû lui ravir ce trésor,
Et des regards semblait lui dire :
« Monsieur le mort, j'aurai de vous
Tant en argent, en tant en cire,
Et tant en autres menus coûts. »
Il fondait là-dessus l'achat d'une feuillette
Du meilleur vin des environs ;
Certaine nièce assez proprette
Et sa chambrière Pâquette
Devaient avoir des cotillons.
Sur cette agréable pensée
Un heurt survient, adieu le char.
Voilà messire Jean Chouart

Qui du choc de son mort a la tête cassée :
Le paroissien en plomb entraîne son pasteur,
Notre curé suit son seigneur ;
Tous deux s'en vont de compagnie.
Proprement toute notre vie
Est le curé Chouart qui sur son mort comptait,
Et la fable du Pot au lait.

La Fontaine, *Fables* (VII, 10), 1678

SUR L'EAU

J'avais loué, l'été dernier, une petite maison de campagne au bord de la Seine, à plusieurs lieues[1] de Paris, et j'allais y coucher tous les soirs. Je fis, au bout de quelques jours, la connaissance d'un de mes voisins, un homme de trente à quarante ans, qui était bien le type le plus curieux que j'eusse jamais vu. C'était un vieux canotier, mais un canotier enragé, toujours près de l'eau, toujours sur l'eau, toujours dans l'eau. Il devait être né dans un canot, et il mourra bien certainement dans le canotage final.

Un soir que nous nous promenions au bord de la Seine, je lui demandai de me raconter quelques anecdotes de sa vie nautique. Voilà immédiatement mon bonhomme qui s'anime, se transfigure[2], devient éloquent, presque poète. Il avait dans le cœur une grande passion, une passion dévorante, irrésistible : la rivière.

*

Ah ! me dit-il, combien j'ai de souvenirs sur cette rivière que vous voyez couler là près de nous ! Vous autres, habitants des rues, vous ne savez pas ce qu'est la rivière. Mais écoutez un pêcheur prononcer ce mot. Pour lui, c'est la chose mystérieuse, profonde, inconnue, le pays des mirages et des fantasmagories[3], où l'on voit, la nuit, des choses qui ne sont pas, où l'on entend des bruits que l'on ne connaît point, où l'on tremble sans savoir pourquoi, comme en traversant un cimetière : et c'est en effet le

1. une lieue : environ quatre kilomètres.

2. se transfigurer : changer de visage, d'aspect.

3. fantasmagorie : apparition fantastique.

plus sinistre des cimetières, celui où l'on n'a point de tombeau.

La terre est bornée pour le pêcheur, et dans l'ombre quand il n'y a pas de lune, la rivière est illimitée. Un marin n'éprouve point la même chose pour la mer. Elle est souvent dure et méchante c'est vrai, mais elle crie, elle hurle, elle est loyale, la grande mer ; tandis que la rivière est silencieuse et perfide. Elle ne gronde pas, elle coule toujours sans bruit, et ce mouvement éternel de l'eau qui coule est plus effrayant pour moi que les hautes vagues de l'Océan.

Des rêveurs prétendent que la mer cache dans son sein d'immenses pays bleuâtres, où les noyés roulent parmi les grands poissons, au milieu d'étranges forêts et dans des grottes de cristal. La rivière n'a que des profondeurs noires où l'on pourrit dans la vase. Elle est belle pourtant quand elle brille au soleil levant et qu'elle clapote doucement entre ses berges couvertes de roseaux qui murmurent.

Le poète a dit en parlant de l'Océan :

Ô flots, que vous savez de lugubres histoires !
Flots profonds, redoutés des mères à genoux,
Vous vous les racontez en montant les marées
Et c'est ce qui vous fait ces voix désespérées
Que vous avez le soir, quand vous venez vers nous[1].

Eh bien, je crois que les histoires chuchotées par les roseaux minces avec leurs petites voix si

1. Il s'agit des cinq derniers vers d'« Oceano nox » dans *Les Raylons et les Ombres* de Victor Hugo.

douces doivent être encore plus sinistres que les drames lugubres racontés par les hurlements des vagues.

Mais puisque vous me demandez quelques-uns de mes souvenirs, je vais vous dire une singulière aventure qui m'est arrivée ici, il y a une dizaine d'années.

J'habitais comme aujourd'hui la maison de la mère Lafon, et un de mes meilleurs camarades, Louis Bernet, qui a maintenant renoncé au canotage, à ses pompes[1] et à son débraillé pour entrer au Conseil d'État[2], était installé au village de C..., deux lieues plus bas. Nous dînions tous les jours ensemble, tantôt chez lui, tantôt chez moi.

Un soir, comme je revenais tout seul et assez fatigué, traînant péniblement mon gros bateau, un *océan*[3] de douze pieds, dont je me servais toujours dans la nuit, je m'arrêtai quelques secondes pour reprendre haleine auprès de la pointe des roseaux, là-bas, deux cents mètres environ avant le pont du chemin de fer. Il faisait un temps magnifique ; la lune resplendissait, le fleuve brillait, l'air était calme et doux. Cette tranquillité me tenta ; je me dis qu'il ferait bien bon fumer une pipe en cet endroit. L'action suivit la pensée ; je saisis mon ancre et la jetai dans la rivière.

Le canot, qui redescendait avec le courant, fila sa chaîne jusqu'au bout, puis s'arrêta ; et je m'assis à l'arrière sur ma peau de mouton, aussi commodément qu'il me fut possible. On n'entendait rien, rien : parfois seulement, je croyais saisir un petit clapotement presque insensible de l'eau contre la rive, et j'apercevais des groupes de roseaux plus élevés qui pre-

1. ses pompes : le faste de ses cérémonies (qui n'exclut pas le « débraillé » !)
2. le Conseil d'État : haute assemblée de magistraits et d'administrateurs.

3. un « océan » : voilier d'environ 3,60 m. Maupassant avait fait construire à Rouen un tel bateau avec lequel il canotait sur la Seine.

naient des figures surprenantes et semblaient par moments s'agiter.

Le fleuve était parfaitement tranquille, mais je me sentis ému par le silence extraordinaire qui m'entourait. Toutes les bêtes, grenouilles et crapauds, ces chanteurs nocturnes des marécages, se taisaient. Soudain, à ma droite, contre moi, une grenouille coassa. Je tressaillis : elle se tut ; je n'entendis plus rien, et je résolus de fumer un peu pour me distraire. Cependant, quoique je fusse un culotteur de pipes[1] renommé, je ne pus pas ; dès la seconde bouffée, le cœur me tourna et je cessai. Je me mis à chantonner ; le son de ma voix m'était pénible ; alors, je m'étendis au fond du bateau et je regardai le ciel. Pendant quelque temps, je demeurai tranquille, mais bientôt les légers mouvements de la barque m'inquiétèrent. Il me sembla qu'elle faisait des embardées[2] gigantesques, touchant tour à tour les deux berges du fleuve ; puis je crus qu'un être ou qu'une force invisible l'attirait doucement au fond de l'eau et la soulevait ensuite pour la laisser retomber. J'étais ballotté comme au milieu d'une tempête ; j'entendis des bruits autour de moi ; je me dressai d'un bond : l'eau brillait, tout était calme.

Je compris que j'avais les nerfs un peu ébranlés et je résolus de m'en aller. Je tirai sur ma chaîne ; le canot se mit en mouvement, puis je sentis une résistance, je tirai plus fort, l'ancre ne vint pas ; elle avait accroché quelque chose au fond de l'eau et je ne pouvais la soulever ; je recommençai à tirer, mais inutilement. Alors, avec mes avirons, je fis tourner mon bateau et je le portai en amont pour changer la position

1. un culotteur de pipes : un grand fumeur de pipes. (Culottée : garnie par le tabac d'un dépôt noir.)

2. embardée : écart très brusque.

de l'ancre. Ce fut en vain, elle tenait toujours ; je fus pris de colère et je secouai la chaîne rageusement. Rien ne remua. Je m'assis découragé et je me mis à réfléchir sur ma position. Je ne pouvais songer à casser cette chaîne ni à la séparer de l'embarcation, car elle était énorme et rivée à l'avant dans un morceau de bois plus gros que mon bras ; mais comme le temps demeurait fort beau, je pensai que je ne tarderais point, sans doute, à rencontrer quelque pêcheur qui viendrait à mon secours. Ma mésaventure m'avait calmé ; je m'assis et je pus enfin fumer ma pipe. Je possédais une bouteille de rhum, j'en bus deux ou trois verres, et ma situation me fit rire. Il faisait très chaud, de sorte qu'à la rigueur je pouvais, sans grand mal, passer la nuit à la belle étoile.

Soudain, un petit coup sonna contre mon bordage[1]. Je fis un soubresaut, et une sueur froide me glaça des pieds à la tête. Ce bruit venait sans doute de quelque bout de bois entraîné par le courant, mais cela avait suffi et je me sentis envahi de nouveau par une étrange agitation nerveuse. Je saisis ma chaîne et je me raidis dans un effort désespéré. L'ancre tint bon. Je me rassis épuisé.

1. bordage : couverture en planches ou en tôle du bord du canot.

Cependant, la rivière s'était peu à peu couverte d'un brouillard blanc très épais qui rampait sur l'eau fort bas, de sorte que, en me dressant debout, je ne voyais plus le fleuve, ni mes pieds, ni mon bateau, mais j'apercevais seulement les pointes des roseaux, puis, plus loin, la plaine toute pâle de la lumière de la lune, avec de grandes taches noires qui montaient dans le ciel, formées par des groupes de peupliers d'Italie. J'étais comme enseveli jusqu'à la ceinture dans une nappe de coton d'une blancheur singulière, et il me venait des imaginations fantastiques. Je me figurais qu'on essayait de monter dans ma barque que je ne pouvais plus distinguer, et que la rivière, cachée par ce brouillard opaque, devait être pleine d'êtres étranges qui nageaient autour de moi. J'éprouvais un malaise horrible, j'avais les tempes serrées, mon cœur battait à m'étouffer ; et, perdant la tête, je pensai à me sauver à la nage ; puis aussitôt cette idée me fit frissonner d'épouvante. Je me vis, perdu, allant à l'aventure dans cette brume épaisse, me débattant au milieu des herbes et des roseaux que je ne pouvais éviter, râlant de peur, ne voyant pas la berge, ne retrouvant plus mon bateau, et il me semblait que je me sentirais tiré par les pieds tout au fond de cette eau noire.

En effet, comme il m'eût fallu remonter le courant au moins pendant cinq cents mètres avant de trouver un point libre d'herbes et de joncs où je pusse prendre pied, il y avait pour moi neuf chances sur dix de ne pouvoir me diriger dans ce brouillard et de me noyer, quelque bon nageur que je fusse.

J'essayai de me raisonner. Je me sentais la volonté bien ferme de ne point avoir peur, mais il y avait en moi autre chose que ma volonté, et cette autre chose avait peur. Je me demandai ce que je pouvais redouter ; mon *moi* brave railla[1] mon *moi* poltron, et jamais aussi bien que ce jour-là je ne saisis l'opposition des deux êtres qui sont en nous, l'un voulant, l'autre résistant, et chacun l'emportant tour à tour.

Cet effroi bête et inexplicable grandissait toujours et devenait de la terreur. Je demeurais

1. railler : se moquer.

immobile, les yeux ouverts, l'oreille tendue et attendant. Quoi ? Je n'en savais rien, mais ce devait être terrible. Je crois que si un poisson se fût avisé de sauter hors de l'eau, comme cela arrive souvent, il n'en aurait pas fallu davantage pour me faire tomber raide, sans connaissance.

Cependant, par un effort violent, je finis par ressaisir à peu près ma raison qui m'échappait. Je pris de nouveau ma bouteille de rhum et je bus à grands traits.

Alors une idée me vint et je me mis à crier de toutes mes forces en me tournant successivement vers les quatre points de l'horizon. Lorsque mon gosier fut absolument paralysé, j'écoutai. — Un chien hurlait, très loin.

Je bus encore et je m'étendis tout de mon long au fond du bateau. Je restai ainsi peut-être une heure, peut-être deux, sans dormir, les yeux ouverts, avec des cauchemars autour de moi. Je n'osais pas me lever et pourtant je le désirais violemment ; je remettais de minute en minute. Je me disais : « Allons, debout ! » et j'avais peur de faire un mouvement. A la fin, je me soulevai avec des précautions infinies, comme si ma vie eût dépendu du moindre bruit que j'aurais fait, et je regardai par-dessus le bord.

Je fus ébloui par le plus merveilleux, le plus étonnant spectacle qu'il soit possible de voir. C'était une de ces fantasmagories du pays des fées, une de ces visions racontées par les voyageurs qui reviennent de très loin et que nous écoutons sans les croire.

Le brouillard qui, deux heures auparavant, flottait sur l'eau, s'était peu à peu retiré et ramassé sur les rives. Laissant le fleuve absolument libre, il avait formé sur chaque berge une colline ininterrompue, haute de six ou sept mètres, qui brillait sous la lune avec l'éclat superbe des neiges. De sorte qu'on ne voyait rien autre chose que cette rivière lamée de feu entre ces deux montagnes blanches ; et là-haut, sur ma tête, s'étalait, pleine et large, une grande lune illuminante au milieu d'un ciel bleuâtre et laiteux.

Toutes les bêtes de l'eau s'étaient réveillées ; les grenouilles coassaient furieusement, tandis que, d'instant en instant, tantôt à droite, tantôt à gauche, j'entendais cette note courte, monotone et triste, que jette aux étoiles la voix cuivrée des crapauds. Chose étrange, je n'avais plus peur ; j'étais au milieu d'un paysage tellement extraordinaire que les singularités les plus fortes n'eussent pu m'étonner.

Combien de temps cela dura-t-il, je n'en sais rien, car j'avais fini par m'assoupir. Quand je rouvris les yeux, la lune était couchée, le ciel plein de nuages. L'eau clapotait lugubrement, le vent soufflait, il faisait froid, l'obscurité était profonde.

Je bus ce qui me restait de rhum, puis j'écoutai en grelottant le froissement des roseaux et le bruit sinistre de la rivière. Je cherchai à voir, mais je ne pus distinguer mon bateau, ni mes mains elles-mêmes, que j'approchais de mes yeux.

Peu à peu, cependant, l'épaisseur du noir diminua. Soudain je crus sentir qu'une ombre glissait tout près de moi ; je poussai un cri, une voix répondit ; c'était un pêcheur. Je l'appelai, il s'approcha et je lui racontai ma mésaventure. Il mit alors son bateau bord à bord avec le mien, et tous les deux nous tirâmes sur la chaîne. L'ancre ne remua pas. Le jour venait, sombre, gris, pluvieux, glacial, une de ces journées qui vous apportent des tristesses et des malheurs. J'aperçus une autre barque, nous la hélâmes. L'homme qui la montait unit ses efforts aux nôtres ; alors, peu à peu, l'ancre céda. Elle montait, mais doucement, doucement, et chargée d'un poids considérable. Enfin nous aperçûmes une masse noire, et nous la tirâmes à mon bord :

C'était le cadavre d'une vieille femme qui avait une grosse pierre au cou.

Atelier de lecture

AU FIL DE L'EAU

1. Canot, canotage, canotier.

> Étudier un **champ lexical**, c'est étudier un ensemble de mots désignant un même domaine de la réalité.
> Étudiez un **champ sémantique**, c'est étudier l'ensemble des significations que peut prendre un mot.

– Étudiez dans l'ensemble du conte le **champ lexical** de la navigation.

– Étudiez le **champ sémantique** du mot « canotier » en expliquant comment, dans l'histoire du mot, on est passé d'un sens à l'autre.

– Cherchez d'autres mots dérivés de « canot ».

2. Terre, mer, rivière.

Le personnage du canotier a la passion de la rivière. Pour traduire cette passion, l'écrivain utilise à plusieurs reprises le procédé de la **gradation** qui consiste à ordonner dans une succession croissante les termes d'un énoncé.
Ex. : « une grand passion, une passion dévorante, irrésistible ».

– Cherchez d'autres exemples de gradation dans les trois premiers paragraphes du conte.

– Créez une gradation pour évoquer une personne qui a un gros appétit.

– Cherchez d'autres procédés d'amplification (emploi du superlatif et du comparatif de supériorité, de l'hyperbole, etc.) dans les quatre premiers paragraphes du texte.

– La rivière est passionnante parce qu'elle est **mystérieuse**. Tellement mystérieuse qu'elle se définit par ce qu'elle n'est pas. Étudiez l'emploi de la négation dans les troisième et quatrième paragraphes. Pourquoi peut-on dire que la rivière est le **royaume de l'imagination** ?

– *« La terre est bornée pour le pêcheur, et dans l'ombre quand il n'y a pas de lune, la rivière est illimitée. »*
Repérez l'opposition de termes (ou **antithèse**) qui structure cette phrase. Par quel autre mot de liaison que la conjonction *« et »* pouvait-on exprimer ce rapport ?

– La rivière est **dangereuse** parce qu'elle est double, surface et profondeur. Relevez en deux colonnes les termes du texte qui se rapportent à sa surface et ceux qui se rapportent à sa profondeur. Cherchez des oppositions de termes traduisant cette dualité dans le passage suivant : l. 21 à l. 64.

Rassemblez les adjectifs appliqués à la rivière qui expriment ses dangers.

— Classez en deux séries opposées les caractères de l'univers marin et ceux de la rivière d'après les paragraphes 4 et 5.

LA MER	LA RIVIÈRE

— La rivière murmure des **histoires sinistres.**
Relevez les éléments de la **personnification** de la rivière dans les paragraphes 4 et 5.

ÉTUDE DE LA STRUCTURE DU CONTE

La **structure** de *« Sur l'eau »* est à la fois simple et dynamique. On peut la résumer en trois étapes qui reviennent plusieurs fois dans le récit.

ÉTAPE 1 : Affirmation d'un désir : *« je me dis qu'il ferait bon fumer une pipe en cet endroit ».*

ÉTAPE 2 : Impossibilité de réaliser ce désir : *« j'étais ballotté comme au milieu d'une tempête ».*

ÉTAPE 3 : Affirmation d'un nouveau désir : *« je résolus de m'en aller ».*

1. En faisant de l'étape 3, le début d'une nouvelle série, retrouvez dans la suite du conte les étapes 2 et 3.

ÉTAPE 1 : *« je résolus de m'en aller »* (désir de mouvement).

ÉTAPE 2 :

ÉTAPE 3 :

2. Combien de fois cette structure se répète-t-elle dans l'ensemble du conte ?

3. Quels sont les différents désirs impossibles à réaliser pour le canotier ? A quoi attribue-t-il ses différents échecs ? Quel est le premier désir enfin réalisé ?

4. Étudiez la montée de la peur dans le texte : montrez qu'elle progresse au même rythme que l'imagination du canotier. De quelles **hallucinations** est-il la victime ? Comment exprime-t-il la lutte de sa raison contre sa frayeur ? Pourquoi ce dédoublement de la personnalité est-il dangereux ?

5. La dernière phrase du texte explique les difficultés du canotier pour remonter son ancre. Rend-elle moins mystérieuse la rivière ? Quel éclairage cette **chute du récit** (qui est en fait une remontée...) projette-t-elle sur la totalité du conte ? Comment l'écrivain a-t-il préparé et à la fois retardé cette surprise finale ?

6. Lecture : sur les effets de la peur et l'angoisse du dédoublement chez Maupassant, lire *Le Horla*.

Atelier d'écriture

MÉTAMORPHOSES

1. Comparez les trois **descriptions** du même lieu :

a) l. 80 « *Je m'arrêtai quelques secondes... ... ces chanteurs nocturnes des marécages se taisaient.* »

b) l. 160 « *Cependant la rivière s'était peu à peu couverte... ... au fond de cette eau noire.* »

c) 233 « *Je fus ébloui par le plus merveilleux, le plus étonnant spectacle... ... la voix cuivrée des crapauds.* »

— Définissez en quelques mots l'atmosphère propre à chacun des paysages décrits.

— Relevez les termes qui expriment un changement au début des descriptions **b)** et **c)**.

— Montrez que, d'une description à l'autre, les repères **du monde** réel s'effacent pour laisser place **à un monde d'illusion** et de magie. Qu'est-ce qui est à l'origine de ces visions : la peur ? l'ivresse ? la nature elle-même ?

— « *Cette rivière lamée de feu entre ces deux montagnes blanches.* » (l. 246)
Étudiez cette **métaphore** en montrant qu'elle résume le paysage décrit précédemment (description **c.)** et en distinguant comparés et comparants.

COMPARÉS	COMPARANTS

— Relevez d'autres métaphores dans les descriptions **b)** et **c)**.

— A votre tour, à l'aide de métaphores, évoquez les métamorphoses d'un paysage ou d'un être en le décrivant à deux moments différents.

2. Faites subir au conte quelques **métamorphoses** :

— **en prolongeant** le cauchemar (ou le rêve) du canotier à partir de : « Il me semblait que je me sentais tiré par les pieds tout au fond de cette eau noire. »

— **en imaginant** l'enquête qui suit la découverte du cadavre.

3. Recherche : rédigez une notice mythologique sur **le fleuve des morts** chez les Grecs et les Latins.

DOSSIER

LA PASSION DE L'EAU

Dans « Mouche », l'un de ses derniers contes (1890), Maupassant revient avec nostalgie sur l'époque heureuse où les bords de la Seine, vers Argenteuil, étaient le royaume de ses promenades et de ses rêves.

Que de fois j'ai eu envie d'écrire un petit livre, titré « Sur la Seine », pour raconter cette vie de force et d'insouciance, de gaieté et de pauvreté, de fête robuste et tapageuse que j'ai menée de vingt à trente ans. J'étais un employé sans le sou ; maintenant, je suis un homme arrivé qui peut jeter des grosses sommes pour un caprice d'une seconde. J'avais au cœur mille désirs modestes et irréalisables qui me doraient l'existence de toutes les attentes imaginaires. Aujourd'hui, je ne sais pas vraiment quelle fantaisie me pourrait faire lever du fauteuil où je somnole. Comme c'était simple, et bon, et difficile de vivre ainsi, entre le bureau à Paris et la rivière à Argenteuil. Ma grande, ma seule, mon absorbante passion, pendant dix ans, ce fut la Seine. Ah ! la belle, calme, variée et puante rivière pleine de mirage et d'immondices. Je l'ai tant aimée, je crois, parce qu'elle m'a donné, me semble-t-il, le sens de la vie. Ah ! les promenades le long des berges fleuries, mes amies les grenouilles qui rêvaient, le ventre au frais, sur une feuille de nénuphar, et les lis d'eau coquets et frêles, au milieu des grandes herbes fines qui m'ouvraient soudain, derrière un saule, un feuillet d'album japonais quand le martin-pêcheur fuyait devant moi comme une flamme bleue ! Ai-je aimé tout cela, d'un amour instinctif des yeux qui se répandait dans tout mon corps en une joie naturelle et profonde. Comme d'autres ont des souvenirs de nuits tendres, j'ai des souvenirs de levers de soleil dans les brumes matinales, flottantes, errantes vapeurs, blanches comme des mortes avant l'aurore, puis, au premier rayon glissant sur des prairies, illuminées de rose à ravir le cœur ; et j'ai des souvenirs de lune argentant l'eau frémissante et courante, d'une lueur qui faisait fleurir tous les rêves. Et tout cela, symbole de l'éternelle illusion, naissait pour moi sur de l'eau croupie qui charriait vers la mer toutes les ordures de Paris.

Maupassant, *Mouche,* 1890.

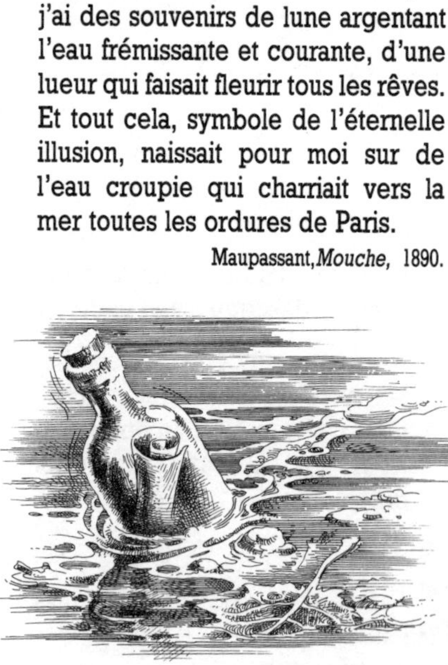

LA MORTE

Je l'avais aimée éperdument ! Pourquoi aime-t-on ? Est-ce bizarre de ne plus voir dans le monde qu'un être, de n'avoir plus dans l'esprit qu'une pensée, dans le cœur qu'un désir, et dans la bouche qu'un nom : un nom qui monte incessamment, qui monte, comme l'eau d'une source, des profondeurs de l'âme, qui monte aux lèvres, et qu'on dit, qu'on redit, qu'on murmure sans cesse, partout, ainsi qu'une prière.

Je ne conterai point notre histoire. L'amour n'en a qu'une, toujours la même. Je l'avais rencontrée et aimée. Voilà tout. Et j'avais vécu pendant un an dans sa tendresse, dans ses bras, dans sa caresse, dans son regard, dans ses robes, dans sa parole, enveloppé, lié, emprisonné dans tout ce qui venait d'elle, d'une façon si complète que je ne savais plus s'il faisait jour ou nuit, si j'étais mort ou vivant, sur la vieille terre ou ailleurs.

Et voilà qu'elle mourut. Comment ? Je ne sais pas, je ne sais plus.

Elle rentra mouillée, un soir de pluie, et le lendemain, elle toussait. Elle toussa pendant une semaine environ et prit le lit.

Que s'est-il passé ? Je ne sais plus.

Des médecins venaient, écrivaient, s'en allaient. On apportait des remèdes ; une femme les lui faisait boire. Ses mains étaient chaudes, son front brûlant et humide, son regard brillant et triste. Je lui parlais, elle me répondait. Que nous sommes-nous dit ? Je ne sais plus. J'ai tout oublié, tout, tout ! Elle mourut, je me rappelle très bien son petit soupir, son petit soupir si faible, le dernier. La garde dit : « Ah ! » Je compris, je compris !

Je n'ai plus rien su. Je vis un prêtre qui prononça ce mot : « Votre maîtresse. » Il me sembla qu'il l'insultait. Puisqu'elle était morte on n'avait plus le droit de savoir cela. Je le chassai. Un autre vint qui fut très bon, très doux. Je pleurai quand il me parla d'elle.

On me consulta sur mille choses pour l'enterrement. Je ne sais plus. Je me rappelle cependant très bien le cercueil, le bruit des coups de marteau quand on la cloua dedans. Ah ! mon Dieu !

Elle fut enterrée ! enterrée ! Elle ! dans ce trou ! Quelques personnes étaient venues, des amies. Je me sauvai. Je courus. Je marchai longtemps à travers des rues. Puis je rentrai chez moi. Le lendemain je partis pour un voyage.

Hier, je suis rentré à Paris.

Quand je revis ma chambre, notre chambre, notre lit, nos meubles, toute cette maison où était resté tout ce qui reste de la vie d'un être après sa mort, je fus saisi par un retour de chagrin si violent que je faillis ouvrir la fenêtre et me jeter dans la rue. Ne pouvant plus demeurer au milieu de ces choses, de ces murs qui l'avaient enfermée, abritée, et qui devaient garder dans leurs imperceptibles fissures mille atomes d'elle, de sa chair et de son souffle, je pris mon chapeau, afin de me sauver. Tout à coup, au moment d'atteindre la porte, je passai devant la grande glace du vestibule qu'elle avait fait poser là pour se voir, des pieds à la tête, chaque jour, en sortant, pour voir si toute sa toilette allait

bien, était correcte et jolie, des bottines à la coiffure.

Et je m'arrêtai net en face de ce miroir qui l'avait si souvent reflétée. Si souvent, si souvent, qu'il avait dû garder aussi son image.

J'étais là debout, frémissant, les yeux fixés sur le verre, sur le verre plat, profond, vide, mais qui l'avait contenue tout entière, possédée autant que moi, autant que mon regard passionné. Il me sembla que j'aimais cette glace — je la touchai —, elle était froide ! Oh ! le souvenir ! le souvenir ! miroir douloureux, miroir brûlant, miroir vivant, miroir horrible, qui fait souffrir toutes les tortures ! Heureux les hommes dont le cœur, comme une glace où glissent et s'effacent les reflets, oublie tout ce qu'il a contenu, tout ce qui a passé devant lui, tout ce qui s'est contemplé, miré, dans son affection, dans son amour ! Comme je souffre !

Je sortis et, malgré moi, sans savoir, sans le vouloir, j'allais vers le cimetière. Je trouvai sa tombe toute simple, une croix de marbre, avec ces quelques mots : « Elle aima, fut aimée, et mourut. »

Elle était là, là-dessous, pourrie ! Quelle horreur ! Je sanglotais, le front sur le sol.

J'y restai longtemps, longtemps. Puis je m'aperçus que le soir venait. Alors un désir bizarre, fou, un désir d'amant désespéré s'empara de moi. Je voulus passer la nuit près d'elle, dernière nuit, à pleurer sur sa tombe. Mais on me verrait, on me chasserait. Comment faire ? Je fus rusé. Je me levai et me mis à errer dans cette ville des disparus. J'allais, j'allais. Comme elle est petite cette ville à côté de l'autre, celle où l'on vit ! Et pourtant comme ils sont plus nombreux que les vivants, ces morts. Il nous faut de hautes maisons, des rues, tant de place, pour les quatre générations qui regardent le jour en même temps, boivent l'eau des sources, le vin des vignes et mangent le pain des plaines.

Et pour toutes les générations des morts, pour toute l'échelle de l'humanité descendue jusqu'à nous, presque rien, un champ, presque rien ! La terre les reprend, l'oubli les efface. Adieu !

Au bout du cimetière habité, j'aperçus tout à coup le cimetière abandonné, celui où les vieux défunts achèvent de se mêler au sol, où les croix elles-mêmes pourrissent, où l'on mettra demain les derniers venus. Il est plein de roses libres, de cyprès vigoureux et noirs, un jardin triste et superbe, nourri de chair humaine.

J'étais seul, bien seul. Je me blottis dans un arbre vert. Je m'y cachai tout entier, entre ces branches grasses et sombres.

Et j'attendis, cramponné au tronc comme un naufragé sur une épave.

Quand la nuit fut noire, très noire, je quittai mon refuge et me mis à marcher doucement, à pas lents, à pas sourds, sur cette terre pleine de morts.

J'errai longtemps, longtemps, longtemps. Je ne la retrouvais pas. Les bras étendus, les yeux ouverts, heurtant des tombes avec mes mains, avec mes pieds, avec mes genoux, avec ma poitrine, avec ma tête elle-même, j'allais sans la trouver. Je touchais, je palpais comme un aveugle qui cherche sa route, je palpais des pierres, des croix, des grilles de fer, des couronnes de verre, des couronnes de fleurs fanées ! Je lisais les noms avec mes doigts, en les promenant sur les lettres. Quelle nuit ! quelle nuit ! Je ne la retrouvais pas !

Pas de lune ! Quelle nuit ! J'avais peur, une peur affreuse dans ces étroits sentiers, entre deux lignes de tombes ! Des tombes ! des tombes ! des tombes. Toujours des tombes ! A droite, à gauche, devant moi, autour de moi, partout, des tombes ! Je m'assis sur une d'elles, car je ne pouvais plus marcher tant mes genoux fléchissaient. J'entendais battre mon cœur ! Et j'entendais autre chose aussi ! Quoi ? un bruit confus innommable ! Était-ce dans ma tête affolée, dans la nuit impénétrable, ou sous la terre mystérieuse, sous la terre ensemencée de cadavres humains, ce bruit ? Je regardais autour de moi !

Combien de temps suis-je resté là ? Je ne sais pas. J'étais paralysé par la terreur, j'étais ivre d'épouvante, prêt à hurler, prêt à mourir.

Et soudain il me sembla que la dalle de marbre sur laquelle j'étais assis remuait. Certes, elle remuait, comme si on l'eût soulevée. D'un bond je me jetai sur le tombeau voisin, et je vis, oui, je vis la pierre que je venais de quitter se dresser toute droite ; et le mort apparut, un squelette nu qui, de son dos courbé la rejetait. Je voyais, je voyais très bien, quoique la nuit fût profonde. Sur la croix je pus lire :

« Ici repose Jacques Olivant, décédé à l'âge de cinquante et un ans. Il aimait les siens, fut honnête et bon, et mourut dans la paix du Seigneur. »

Maintenant le mort aussi lisait les choses écrites sur son tombeau. Puis il ramassa une pierre dans le chemin, une petite pierre aiguë, et se mit à les gratter avec soin, ces choses. Il les effaça tout à fait, lentement, regardant de ses yeux vides la place où tout à l'heure elles étaient gravées ; et du bout de l'os qui avait été son index, il écrivit en lettres lumineuses comme ces lignes qu'on trace aux murs avec le bout d'une allumette ;

« Ici repose Jacques Olivant, décédé à l'âge de cinquante et un ans. Il hâta par ses duretés la mort de son père dont il désirait hériter, il tortura sa femme, tourmenta ses enfants, trompa ses voisins, vola quand il le put et mourut misérable. »

Quand il eut achevé d'écrire, le mort immobile contempla son œuvre. Et je m'aperçus, en me retournant, que toutes les tombes étaient ouvertes, que tous les cadavres en étaient sortis, que tous avaient effacé les mensonges inscrits par les parents sur la pierre funéraire, pour y rétablir la vérité.

Et je voyais que tous avaient été les bourreaux de leurs proches, haineux, déshonnêtes, hypocrites, menteurs, fourbes, calomniateurs, envieux, qu'ils avaient volé, trompé, accompli tous les actes honteux, tous les actes abominables, ces bons pères, ces épouses fidèles, ces fils dévoués, ces jeunes filles chastes, ces commerçants probes[1], ces hommes et ces femmes dits irréprochables.

Ils écrivaient tous en même temps, sur le seuil de leur demeure éternelle, la cruelle, terrible et sainte vérité que tout le monde ignore ou feint d'ignorer sur la terre.

Je pensai qu'*elle* aussi avait dû la tracer sur sa tombe. Et sans peur maintenant, courant au

1. probe : honnête.

milieu des cercueils entrouverts, au milieu des cadavres, au milieu des squelettes,j'allai vers elle, sûr que je la trouverais aussitôt.

Je la reconnus de loin, sans voir le visage enveloppé du suaire.

Et sur la croix de marbre où tout à l'heure j'avais lu :

« Elle aima, fut aimée, et mourut. »

J'aperçus :

« Étant sortie un jour pour tromper son amant, elle eut froid sous la pluie, et mourut. »

Il paraît qu'on me ramassa, inanimé, au jour levant, auprès d'une tombe.

Atelier d'écriture

ADVERBE EN -MENT

1. Dans le premier paragraphe du conte apparaissent deux **adverbes terminés par -ment :** *éperdument* et *incessamment.* Cherchez le sens de ces deux adverbes et donnez un synonyme de chacun d'eux.

2. Ces adverbes sont construits en ajoutant la particule -ment à un adjectif. Retrouvez les adjectifs à partir desquels ont été formés les adverbes :
— éperdument = ... + -ment
— incessamment = ... + -ment

Pour **orthographier** correctement **ce type d'adverbes**, on peut retenir quelques **règles** simples :

— lorsque l'adjectif se termine par une consonne, on lui ajoute -ement pour former l'adverbe
(ex. : *strict* → *strictement*)

— lorsque l'adjectif se termine par une voyelle, on lui ajoute -ment
(ex. : *vrai* → *vraiment*)

— lorsque l'adjectif se termine par -ant, on ajoute -amment au radical du mot
(ex. : *savant* → *savamment*)

— lorsque l'adjectif se termine par -ent, on ajoute -emment au radical du mot
(ex. : *intelligent* → *intelligemment*)

3. Quels adverbes en -ment peut-on former à partir des adjectifs suivants ?
- brave - négligent - courageux - confus - hardi - attentif - courant - évident - goulu - tranquille - glouton - étonnant - frileux - prudent - vaillant.

Atelier de lecture

LE RÉCIT A LA PREMIÈRE PERSONNE

On distingue différents types de récit ; les plus courants sont :

— **le récit à la troisième personne :** un narrateur raconte les aventures d'un personnage (« il » ou « elle ») ;

— **le récit à la première personne :** un narrateur raconte ses propres aventures (récit en « je »).

N.B. Il existe des systèmes plus complexes comme celui du **récit enchassé** ou du double récit (cf. p. 56) où il n'y a pas un mais deux narrateurs successifs.

La Morte est un récit à la première personne.

1. Dans *La Morte*, le narrateur est-il nommé ?

2. Qui raconte l'histoire ? Pourquoi l'auteur a-t-il choisi ce mode de narration ? (Vous pouvez vous aider des suggestions suivantes pour fournir votre propre réponse.)
L'auteur a choisi ce mode de narration pour rendre l'histoire plus

— authentique (?)
— émouvante (?)
— objective / subjective (?)
— partiale (?)
— convaincante (?)

3. Classez dans le tableau suivant les différents contes de ce recueil suivant le **type de narration** adopté. (Attention : il faut parfois examiner le récit au-delà de la première page pour le distinguer.)

SYSTÈME DU RÉCIT A LA PREMIÈRE PERSONNE	SYSTÈME DU RÉCIT ENCHASSÉ		SYSTÈME DU RÉCIT A LA TROISIÈME PERSONNE
	• 1er récit et • 2d récit à la 1re personne	• 1er récit à la 3e personne • 2d récit à la 1re personne	

4. Si l'on devait réécrire le début de *La Morte* (jusqu'à *« Le lendemain, je partis pour un voyage »*) à la troisième personne, quels éléments serait-on amené à supprimer ? Pourquoi ?

5. Ce récit est écrit au passé. Comment est souligné par le narrateur la difficulté d'écrire une histoire passée ?

6. Voici quatre phrases empruntées au début du conte et écrites à quatre temps différents. Expliquez l'emploi de ces temps :

— *Je l'avais aimée éperdument !*
— *Et voilà qu'elle mourut.*
— *On apportait des remèdes.*
— *Je ne sais plus.*

7. Comment le récit suggère-t-il l'**émotion**, le désordre des pensées du narrateur dans les l. 27 à l. 36 ? (« Des médecins venaient... à ... Je compris, je compris ! »)
Soyez particulièrement attentif au **rythme** du texte.

8. Comment expliquer la fréquence extraordinaire de l'**exclamation** et de l'**interrogation** dans l'ensemble du conte ? Quels sentiments traduisent-elles dans l'épisode du cimetière ?

9. Montrez que dans cet épisode, l'heure, les lieux, les circonstances sont particulièrement favorables au développement de l'**imagination** ? (Comparez avec la situation du narrateur dans *« Sur l'eau »*, p. 140).

10. Le conte repose sur **une double illusion** dévoilée à la fin du conte : celle du narrateur trompé par celle qu'il aimait et celle du lecteur.
Par qui et comment le lecteur est-il trompé ? Comment le narrateur découvre-t-il la vérité ? Cette vérité est-elle bien assurée ? Quelle interrogation demeure après la lecture de la dernière ligne ?

11. Rassemblez dans un paragraphe rédigé les différents effets du récit à la première personne dans *La Morte*.

AU-DELÀ DU MIROIR

Le **miroir** est un objet privilégié dans les récits fantastiques. *La Morte* n'échappe pas à la règle : « Tout à coup, au moment d'atteindre la porte, je passai devant la grande glace du vestibule... »

1. La taille du miroir est importante. Pourquoi ?

2. Quel pouvoir le narrateur prête-t-il à la grande glace du vestibule ?

3. Montrez comment son esprit confond la réalité et son reflet, la mort et la vie, le passé et le présent.

4. Pourquoi compare-t-il le souvenir à *« un miroir douloureux »* (l. 81 ?) Recherchez une autre comparaison dans ce passage.

5. Quel caractère mystérieux le miroir partage-t-il avec l'eau ? (cf. *Sur l'eau,* p. 140). Et avec une tombe ?

6. L'écho est comme un reflet sonore. Repérez **les échos sonores** dans cet extrait de *La Morte : « une glace où glissent et s'effacent les reflets ».*

7. Vous vous apercevez que la grande glace qui est dans votre vestibule (ou dans tout autre lieu) est un miroir magique. Racontez les circonstances de cette découverte et votre voyage au-delà du miroir.

8. Cinéma : cf. *Orphée* de Jean Cocteau, un voyage au-delà du miroir.

9. Recherche : une fiche mythologique sur l'homme au reflet dans l'eau : **Narcisse.**

LE FANTÔME

Lord Trevanion de Tremaine a aimé autrefois une femme exceptionnelle : Ligeia. Après la mort de celle-ci, dans un moment de folie, il épouse une autre femme, lady Rowena. Mais celle-ci, mystérieusement, meurt à son tour. Lord Trevanion est en train de veiller la morte, lorsqu'il voit celle-ci remuer. Le phénomène se reproduit à chaque fois qu'il pense à son premier amour, Ligeia...

Et puis je retombai dans mes rêves de Ligeia, et de nouveau — s'étonnera-t-on que je frissonne en écrivant ces lignes ? — *de nouveau* un sanglot étouffé vint à mon oreille de la région du lit d'ébène. Mais à quoi bon détailler minutieusement les ineffables horreurs de cette nuit ? Raconterai-je combien de fois, coup sur coup, presque jusqu'au petit jour, se répéta ce hideux drame de ressuscitation ; que chaque effrayante rechute se changeait en une mort plus rigide et plus irrémédiable ; que chaque nouvelle agonie ressemblait à une lutte contre quelque invisible adversaire, et que chaque lutte était suivie de je ne sais quelle étrange altération dans la physionomie du corps ? Je me hâte d'en finir.

La plus grande partie de la terrible nuit était passé, et celle qui était morte remua de nouveau, et, cette fois-ci, plus énergiquement que jamais quoique se réveillant d'une mort plus effrayante et plus irréparable. J'avais depuis longtemps cessé tout effort et tout mouvement et je restais cloué sur l'ottomane, désespérément englouti dans un tourbillon d'émotions violentes, dont la moins terrible peut-être, la moins dévorante, était un suprême effroi. Le corps, je le répète, remuait, et maintenant plus activement qu'il n'avait fait jusque-là. Les couleurs de la vie montaient à la face avec une énergie singulière, les membres se relâchaient, et, sauf que les paupières restaient toujours lourdement fermées, et que les bandeaux et les draperies funèbres communiquaient encore à la figure leur caractère sépulcral, j'aurais rêvé que Rowena avait entièrement secoué les chaînes de la Mort. Mais si, dès lors, je n'acceptai pas entièrement cette idée, je ne pus pas douter plus longtemps, quand, se levant du lit, et vacillant, d'un pas faible, les yeux fermés, à la manière d'une personne égarée dans un rêve, l'être qui était enveloppé du suaire s'avança audacieusement et palpablement dans le milieu de la chambre.

Je ne tremblai pas, je ne bougeai pas, car une foule de pensées inexprimables, causées par l'air, la statue, l'allure du fantôme, se ruèrent à l'improviste dans mon cerveau, et me paralysèrent, me pétrifièrent. Je ne bougeais pas, je contemplais l'apparition. C'était dans mes pensées un désordre fou, un tumulte inapaisable. Était-ce bien la *vivante* Rowena que j'avais en face de moi ? *cela* pouvait-il être vraiment Rowena, lady Rowena Trevanion de Tremaine, à la chevelure blonde, aux yeux bleus ? Pourquoi, oui, *pourquoi* en doutais-je ? Le lourd bandeau oppressait la bouche ; pourquoi donc cela n'eût-il pas été la bouche respirante de la dame de Tremaine ? Et les joues ? oui, c'étaient bien là les roses du midi de sa vie ; oui, ce pouvait être les belles joues de la vivante lady de Tremaine. Et le menton, avec les fossettes de la santé, ne pouvait-il pas être le sien ? Mais *avait-elle donc grandi depuis sa maladie* ? Quel inexprimable délire s'empara de moi à cette idée ! D'un bond, j'étais à ses pieds ! Elle se retira à mon contact, et elle dégagea sa tête de l'horrible suaire qui l'enveloppait ; et alors déborda dans l'atmosphère fouettée de la chambre une masse énorme de longs cheveux désordonnés ; *ils étaient plus noirs que les ailes de minuit, l'heure au plumage de corbeau !* Et alors je vis la figure qui se tenait devant moi ouvrir lentement, lentement *les yeux.*

— Enfin, les voilà donc ! criai-je d'une voix retentissante ; pourrais-je jamais m'y tromper ? Voilà bien les yeux adorablement fendus, les yeux noirs, les yeux étranges de mon amour perdu, de lady — de LADY LIGEIA !

Edgar Poe, *Histoires extraordinaires,* « *Ligeia* » (traduction de Charles Baudelaire), 1855.

LA PARURE

C'était une de ces jolies et charmantes filles, nées, comme par une erreur du destin, dans une famille d'employés. Elle n'avait pas de dot, pas d'espérances, aucun moyen d'être connue, comprise, aimée, épousée par un homme riche et distingué ; et elle se laissa marier avec un petit commis du ministère de l'Instruction publique.

Elle fut simple ne pouvant être parée, mais malheureusement comme une déclassée[1], car les femmes n'ont point de caste ni de race, leur beauté, leur grâce et leur charme leur servant de naissance et de famille. Leur finesse native, leur instinct d'élégance, leur souplesse d'esprit, sont leur seule hiérarchie, et font des filles du peuple les égales des plus grandes dames.

Elle souffrait sans cesse, se sentant née pour toutes les délicatesses et tous les luxes. Elle souffrait de la pauvreté de son logement, de la misère des murs, de l'usure des sièges, de la laideur des étoffes. Toutes ces choses, dont une autre femme de sa caste ne se serait même pas aperçue, la torturaient et l'indignaient. La vue de la petite Bretonne qui faisait son humble ménage éveillait en elle des regrets désolés et des rêves éperdus. Elle songeait aux antichambres muettes, capitonnées[2] avec des tentures orientales, éclairées par de hautes torchères[3] de bronze, et aux deux grands valets en culotte courte qui dorment dans les larges fauteuils, assoupis par la chaleur lourde du calorifère[4]. Elle songeait aux grands salons vêtus de soie ancienne, aux meubles fins portant des bibelots inestimables, et aux petits salons coquets, par-

1. déclassée : personne sortie de sa classe sociale d'origine.

2. capitonné : recouvert d'une épaisseur confortable.

3. torchère : flambeau.

4. calorifère : appareil de chauffage distribuant la chaleur dans une maison.

fumés, faits pour la causerie de cinq heures avec les amis les plus intimes, les hommes connus et recherchés dont toutes les femmes envient et désirent l'attention.

Quand elle s'asseyait, pour dîner, devant la table ronde couverte d'une nappe de trois jours, en face de son mari qui découvrait la soupière en déclarant d'un air enchanté : « Ah ! le bon pot-au-feu ! je ne sais rien de meilleur que cela... » elle songeait aux dîners fins, aux argenteries reluisantes, aux tapisseries peuplant les murailles de personnages anciens et d'oiseaux étranges au milieu d'une forêt de féerie ; elle songeait aux plats exquis servis en des vaisselles merveilleuses, aux galanteries chuchotées et écoutées avec un sourire de sphinx[1], tout en mangeant la chair rose d'une truite ou des ailes de gélinotte[2].

Elle n'avait pas de toilettes, pas de bijoux, rien. Et elle n'aimait que cela ; elle se sentait faite pour cela. Elle eût tant désiré plaire, être enviée, être séduisante et recherchée.

Elle avait une amie riche, une camarade de couvent qu'elle ne voulait plus aller voir, tant elle souffrait en revenant. Et elle pleurait pendant des jours entiers, de chagrin, de regret, de désespoir et de détresse.

Or, un soir, son mari rentra, l'air glorieux, et tenant à la main une large enveloppe.

« Tiens, dit-il, voici quelque chose pour toi. »

Elle déchira vivement le papier et en tira une carte imprimée qui portait ces mots :

« Le ministre de l'Instruction publique et Mme Georges Ramponneau prient M. et Mme Loisel de leur faire l'honneur de venir passer la

1. sphinx : monstre fabuleux qui dévorait ceux qui ne pouvaient résoudre les énigmes qu'il posait.

2. gélinotte : coq des marais. Sorte de perdrix dont la chair est raffinée.

soirée à l'hôtel du ministère, le lundi 18 janvier. »

Au lieu d'être ravie, comme l'espérait son mari, elle jeta avec dépit l'invitation sur la table, murmurant :

« Que veux-tu que je fasse de cela ?

— Mais, ma chérie, je pensais que tu serais contente. Tu ne sors jamais, et c'est une occasion, cela, une belle ! J'ai eu une peine infinie à l'obtenir. Tout le monde en veut ; c'est très recherché et on n'en donne pas beaucoup aux employés. Tu verras là tout le monde officiel. »

Elle le regardait d'un œil irrité, et elle déclara avec impatience :

« Que veux-tu que je me mette sur le dos pour aller là ? »

Il n'y avait pas songé ; il balbutia :

« Mais la robe avec laquelle tu vas au théâtre. Elle me semble très bien, à moi... »

Il se tut, stupéfait, éperdu, en voyant que sa femme pleurait. Deux grosses larmes descendaient lentement des coins des yeux vers les coins de la bouche ; il bégaya :

« Qu'as-tu ? qu'as-tu ? »

Mais, par un effort violent, elle avait dompté sa peine et elle répondit d'une voix calme en essuyant ses joues humides :

« Rien. Seulement je n'ai pas de toilette et par conséquent je ne peux aller à cette fête. Donne ta carte à quelque collègue dont la femme sera mieux nippée[1] que moi. »

Il était désolé. Il reprit :

« Voyons, Mathilde. Combien cela coûterait-il, une toilette convenable, qui pourrait te servir encore en d'autres occasions, quelque chose de très simple ? »

1. nippé : habillé (familier).

Elle réfléchit quelques secondes, établissant ses comptes et songeant aussi à la somme qu'elle pouvait demander sans s'attirer un refus immédiat et une exclamation effarée du commis[1] économe.

Enfin, elle répondit en hésitant :

« Je ne sais pas au juste, mais il me semble qu'avec quatre cents francs je pourrais arriver. »

Il avait un peu pâli, car il réservait juste cette somme pour acheter un fusil et s'offrir des parties de chasse, l'été suivant, dans la plaine de Nanterre[2], avec quelques amis qui allaient tirer des alouettes, par là, le dimanche.

Il dit cependant :

« Soit. Je te donne quatre cents francs. Mais tâche d'avoir une belle robe. »

Le jour de la fête approchait, et Mme Loisel semblait triste, inquiète, anxieuse. Sa toilette était prête cependant. Son mari lui dit un soir :

« Qu'as-tu ? Voyons, tu es toute drôle depuis trois jours. »

Et elle répondit :

« Cela m'ennuie de n'avoir pas un bijou, pas une pierre, rien à mettre sur moi. J'aurai l'air misère comme tout. J'aimerais presque mieux ne pas aller à cette soirée. »

Il reprit :

« Tu mettras des fleurs naturelles. C'est très chic en cette saison-ci. Pour dix francs tu auras deux ou trois roses magnifiques.

Elle n'était point convaincue.

« Non... il n'y a rien de plus humiliant que d'avoir l'air pauvre au milieu de femmes riches. »

1. commis : employé.

2. la plaine de Nanterre : dans la banlieue de Paris. Au XIXe siècle, on y faisait des cultures maraîchères et on y chassait.

Mais son mari s'écria :

« Que tu es bête ! Va trouver ton amie Mme Forestier[1] et demande-lui de te prêter des bijoux. Tu es bien assez liée avec elle pour faire cela. »

Elle poussa un cri de joie :

« C'est vrai. Je n'y avais point pensé. »

Le lendemain, elle se rendit chez son amie et lui conta sa détresse.

Mme Forestier alla vers son armoire à glace, prit un large coffret, l'apporta, l'ouvrit, et dit à Mme Loisel :

« Choisis, ma chère. »

Elle vit d'abord des bracelets, puis un collier de perles, puis une croix vénitienne, or et pierreries, d'un admirable travail. Elle essayait les parures devant la glace, hésitait, ne pouvait se décider à les quitter, à les rendre. Elle demandait toujours :

« Tu n'as plus rien d'autre ?

— Mais si. Cherche. Je ne sais pas ce qui peut te plaire. »

Tout à coup elle découvrit, dans une boîte de satin noir, une superbe rivière de diamants ; et son cœur se mit à battre d'un désir immodéré. Ses mains tremblaient en la prenant. Elle l'attacha autour de sa gorge, sur sa robe montante, et demeura en extase devant elle-même.

Puis elle demanda, hésitante, pleine d'angoisse :

« Peux-tu me prêter cela, rien que cela ?

— Mais oui, certainement. »

Elle sauta au cou de son amie, l'embrassa avec emportement, puis s'enfuit avec son trésor.

Le jour de la fête arriva. Mme Loisel eut un

1. Mme Forestier : nom d'une femme du monde dans le roman de Maupassant, *Bel-Ami*.

succès. Elle était plus jolie que toutes, élégante, gracieuse, souriante et folle de joie. Tous les hommes la regardaient, demandaient son nom, cherchaient à être présentés. Tous les attachés du cabinet voulaient valser avec elle. Le ministre la remarqua.

Elle dansait avec ivresse, avec emportement, grisée par le plaisir, ne pensant plus à rien, dans le triomphe de sa beauté, dans la gloire de son succès, dans une sorte de nuage de bonheur fait de tous ces hommages, de toutes ces admirations, de tous ces désirs éveillés, de cette victoire si complète et si douce au cœur des femmes.

Elle partit vers quatre heures du matin. Son mari, depuis minuit, dormait dans un petit salon désert avec trois autres messieurs dont les femmes s'amusaient beaucoup.

Il lui jeta sur les épaules les vêtements qu'il avait apportés pour la sortie, modestes vêtements de la vie ordinaire, dont la pauvreté jurait avec l'élégance de la toilette de bal. Elle le sentit et voulut s'enfuir, pour ne pas être remarquée par les autres femmes qui s'enveloppaient de riches fourrures.

Loisel la retenait :

« Attends donc. Tu vas attraper froid dehors. Je vais appeler un fiacre. »

Mais elle ne l'écoutait point et descendait rapidement l'escalier. Lorsqu'ils furent dans la rue, ils ne trouvèrent pas de voiture ; et ils se mirent à chercher, criant après les cochers qu'ils voyaient passer de loin.

Ils descendaient vers la Seine, désespérés, grelottants. Enfin ils trouvèrent sur le quai un de ces vieux coupés[1] noctambules[2] qu'on ne voit

1. coupé : voiture fermée à deux places.

2. noctambule : qui se promène, qui circule la nuit.

dans Paris que la nuit venue, comme s'ils eussent été honteux de leur misère pendant le jour.

Il les ramena jusqu'à leur porte, rue des Martyrs, et ils remontèrent tristement chez eux. C'était fini, pour elle. Et il songeait, lui, qu'il lui faudrait être au Ministère à dix heures.

Elle ôta les vêtements dont elle s'était enveloppé les épaules, devant la glace, afin de se voir encore une fois dans sa gloire. Mais soudain elle poussa un cri. Elle n'avait plus sa rivière autour du cou !

Son mari, à moitié dévêtu déjà, demanda :

« Qu'est-ce que tu as ? »

Elle se tourna vers lui, affolée :

« J'ai... j'ai... je n'ai plus la rivière de Mme Forestier. »

Il se dressa, éperdu :

« Quoi !... comment !... Ce n'est pas possible ! »

Et ils cherchèrent dans les plis de la robe, dans les plis du manteau, dans les poches, partout. Ils ne la trouvèrent point.

Il demandait :

« Tu es sûre que tu l'avais encore en quittant le bal ?

— Oui, je l'ai touchée dans le vestibule du ministère.

— Mais, si tu l'avais perdue dans la rue, nous l'aurions entendue tomber. Elle doit être dans le fiacre.

— Oui. C'est probable. As-tu pris le numéro ?

— Non. Et toi, tu ne l'as pas regardé ?

— Non. »

Ils se contemplaient atterrés. Enfin Loisel se rhabilla.

« Je vais, dit-il, refaire tout le trajet que nous avons fait à pied, pour voir si je ne la retrouverai pas. »

Et il sortit. Elle demeura en toilette de soirée, sans force pour se coucher, abattue sur une chaise, sans feu, sans pensée.

Son mari rentra vers sept heures. Il n'avait rien trouvé.

Il se rendit à la préfecture de Police, aux journaux, pour faire promettre une récompense, aux compagnies de petites voitures[1], partout enfin où un soupçon d'espoir le poussait.

Elle attendit tout le jour, dans le même état d'effarement devant cet affreux désastre.

Loisel revint le soir, avec la figure creusée, pâlie ; il n'avait rien découvert.

« Il faut, dit-il, écrire à ton amie que tu as brisé la fermeture de sa rivière et que tu la fais réparer. Cela nous donnera le temps de nous retourner. »

Elle écrivit sous sa dictée.

Au bout d'une semaine, ils avaient perdu toute espérance.

Et Loisel, vieilli de cinq ans, déclara :

« Il faut aviser à remplacer ce bijou. »

Ils prirent, le lendemain, la boîte qui l'avait renfermé, et se rendirent chez le joaillier, dont le nom se trouvait dedans. Il consulta ses livres :

« Ce n'est pas moi, madame, qui ai vendu cette rivière ; j'ai dû seulement fournir l'écrin. »

Alors ils allèrent de bijoutier en bijoutier, cherchant une parure pareille à l'autre, consultant leurs souvenirs, malades tous deux de chagrin et d'angoisse.

1. compagnie de petites voitures : bureau des compagnies de voitures de place, les taxis du XIXe siècle.

Ils trouvèrent, dans une boutique du Palais-Royal, un chapelet de diamants qui leur parut entièrement semblable à celui qu'ils cherchaient. Il valait quarante mille francs. On le leur laisserait à trente-six mille[1].

Ils prièrent donc le joaillier de ne pas le vendre avant trois jours. Et ils firent condition qu'on le reprendrait, pour trente-quatre mille francs, si le premier était retrouvé avant la fin de février.

Loisel possédait dix-huit mille francs que lui avait laissés son père. Il emprunterait le reste.

Il emprunta, demandant mille francs à l'un, cinq cents à l'autre, cinq louis[2] par-ci, trois louis par-là. Il fit des billets[3], prit des engagements ruineux, eut affaire aux usuriers, à toutes les races de prêteurs. Il compromit toute la fin de son existence, risqua sa signature sans savoir même s'il pourrait y faire honneur, et, épouvanté par les angoisses de l'avenir, par la noire misère qui allait s'abattre sur lui, par la perspective de toutes les privations physiques et de toutes les tortures morales, il alla chercher la rivière nouvelle, en déposant sur le comptoir du marchand trente-six mille francs.

Quand Mme Loisel reporta la parure à Mme Forestier, celle-ci lui dit, d'un air froissé :

« Tu aurais dû me la rendre plus tôt, car je pouvais en avoir besoin. »

Elle n'ouvrit pas l'écrin, ce que redoutait son amie. Si elle s'était aperçue de la substitution, qu'aurait-elle pensé ? qu'aurait-elle dit ? Ne l'aurait-elle pas prise pour une voleuse ?

Mme Loisel connut la vie horrible des nécessiteux. Elle prit son parti, d'ailleurs, tout d'un coup, héroïquement. Il fallait payer cette dette

1. Pour avoir une idée de la valeur actuelle de ces sommes, *cf.* p. 187.

2. un louis : *cf.* note 1.

3. un billet : une promesse écrite de payer une somme d'argent.

effroyable. Elle payerait. On renvoya la bonne ; on changea de logement ; on loua sous les toits une mansarde.

Elle connut les gros travaux du ménage, les odieuses besognes de la cuisine. Elle lava la vaisselle, usant ses ongles roses sur les poteries grasses et le fond des casseroles. Elle savonna le linge sale, les chemises et les torchons, qu'elle faisait sécher sur une corde ; elle descendit à la rue, chaque matin, les ordures, et monta l'eau, s'arrêtant à chaque étage pour souffler. Et, vêtue comme une femme du peuple, elle alla chez le fruitier, chez l'épicier, chez le boucher, le panier au bras, marchandant, injuriée, défendant sou à sou son misérable argent.

Il fallait chaque mois payer des billets, en renouveler d'autres, obtenir du temps.

Le mari travaillait, le soir, à mettre au net les comptes d'un commerçant, et la nuit, souvent, il faisait de la copie à cinq sous la page.

Et cette vie dura dix ans.

Au bout de dix ans, ils avaient tout restitué, tout, avec le taux de l'usure, et l'accumulation des intérêts superposés.

Mme Loisel semblait vieille, maintenant. Elle était devenue la femme forte, et dure, et rude, des ménages pauvres. Mal peignée, avec les jupes de travers et les mains rouges, elle parlait haut, lavait à grande eau les planchers. Mais parfois, lorsque son mari était au bureau, elle s'asseyait auprès de la fenêtre, et elle songeait à cette soirée d'autrefois, à ce bal, où elle avait été si belle et si fêtée.

Que serait-il arrivé si elle n'avait point perdu cette parure ? Qui sait ? qui sait ? Comme la vie est singulière, changeante ! Comme il faut peu de chose pour vous perdre ou vous sauver !

Or, un dimanche, comme elle était allée faire un tour aux Champs-Élysées pour se délasser des besognes de la semaine, elle aperçut tout à coup une femme qui promenait un enfant. C'était Mme Forestier, toujours jeune, toujours belle, toujours séduisante.

Mme Loisel se sentit émue. Allait-elle lui parler ? Oui, certes. Et maintenant qu'elle avait payé, elle lui dirait tout. Pourquoi pas ?

Elle s'approcha.

« Bonjour, Jeanne. »

L'autre ne la reconnaissait point, s'étonnant d'être appelée ainsi familièrement par cette bourgeoise. Elle balbutia :

« Mais... madame !... Je ne sais... Vous devez vous tromper.

— Non. Je suis Mathilde Loisel. »

Son amie poussa un cri :

« Oh !... ma pauvre Mathilde, comme tu es changée !...

— Oui, j'ai eu des jours bien durs, depuis que je ne t'ai vue ; et bien des misères... et cela à cause de toi !...

— De moi... Comment ça ?

— Tu te rappelles bien cette rivière de diamants que tu m'as prêtée pour aller à la fête du ministère.

— Oui. Eh bien ?

— Eh bien, je l'ai perdue.

— Comment ! puisque tu me l'as rapportée.

— Je t'en ai rapporté une autre toute pareille. Et voilà dix ans que nous la payons. Tu comprends que ça n'était pas aisé pour nous, qui n'avions rien… Enfin c'est fini, et je suis rudement contente. »

Mme Forestier s'était arrêtée.

« Tu dis que tu as acheté une rivière de diamants pour remplacer la mienne ?

— Oui. Tu ne t'en étais pas aperçue, hein ? Elles étaient bien pareilles. »

Et elle souriait d'une joie orgueilleuse et naïve.

Mme Forestier, fort émue, lui prit les deux mains.

« Oh ! ma pauvre Mathilde ! Mais la mienne était fausse. Elle valait au plus cinq cents francs !… »

Atelier de lecture

LA PYRAMIDE

La Parure est un sommet de l'art de Maupassant dans ses *Contes et nouvelles*. En quelques pages, il condense l'essentiel d'une destinée, des rêves de grandeur à la déchéance.

1. Que est **le moment central** de cette nouvelle ?

2. Montrez en quoi toute **la première partie** du récit est une préparation, une attente de ce moment de triomphe de Madame Loisel.

3. **Donnez un titre** aux trois étapes du récit qui précèdent le « sommet » de la nouvelle :

1re étape : *« C'était une de ces jolies et charmantes filles ... de désespoir et de détresse. »*
Titre :

2e étape : *« Or, un soir, son mari rentra ... Mais tâche d'avoir une belle robe. »*
Titre :

3e étape : *« Le jour de la fête approchait ... puis s'enfuit avec son trésor. »*
Titre :

4. Montrez que les étapes 2 et 3 constituent, en fait, une seule phase de la vie de Mme Loisel. En quoi cette phase s'oppose-t-elle à celle racontée dans la 1re étape du récit ? Repérez les notations de temps (adverbes, compléments circonstanciels) qui signalent le changement entre ces deux phases. Étudiez et justifiez le temps des verbes dans chacune de ces phases.

5. Dans **la scène du bal** (l. 176 à l. 194), commentez la valeur de l'imparfait : « Elle dansait avec ivresse... »

6. Combien de lignes sont consacrées au récit du bal ? Comparez les dimensions de cet épisode à celles de sa **préparation** (l'attente du bal) et de ses **conséquences** (la vie de Mme Loisel après le bal) : quel effet l'auteur a-t-il voulu tirer de cette disproportion ?

7. Distinguez les différentes étapes de la **déchéance** des Loisel après la soirée du bal. Aidez-vous des notations temporelles données par le récit. La longueur relative des différentes séquences narratives est-elle proportionnelle au temps réel vécu par les personnages ?

8. Les mots « **crescendo** » et « **decrescendo** » sont des mots d'origine italienne qui appartiennent au lexique de la musique.
— Vérifiez leur sens et leur prononciation dans le dictionnaire.

– Comment pourrait-on les appliquer à la construction de la nouvelle ?

9. Représentez la **structure du conte** en complétant la **pyramide** que voici (donnez un titre à chaque étape de la nouvelle comme vous l'avez fait dans l'exercice 3 p. 182).

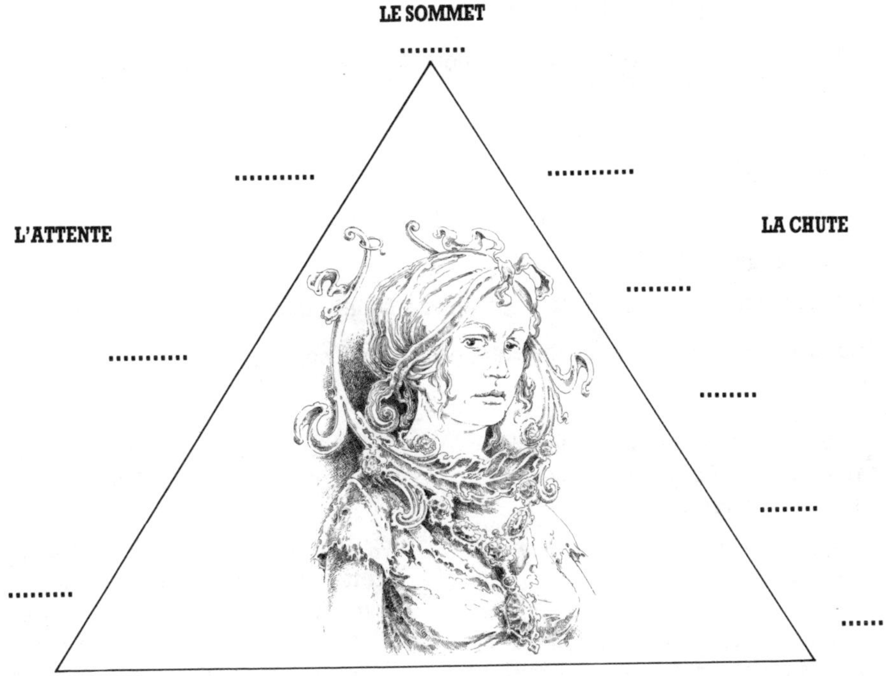

10. Résumez en un paragraphe construit toutes les remarques concernant **la composition** de *La Parure*. Montrez en quoi elle est dramatique.

ÉCRIRE LE RÊVE

L'héroïne de *La Parure*, Mme Loisel, est d'abord un personnage qui rêve. Mais comment écrire, comment décrire **le mouvement** d'expansion perpétuelle du **rêve** ?

Les rêves s'expriment souvent par l'intermédiaire des verbes de sentiment et de pensée. Ceux-ci peuvent être construits de trois façons différentes. Ils sont suivis :

— **d'un groupe nominal ou d'un groupe nominal prépositionnel** (Complément d'objet direct ou indirect)

Ex. : « Elle songeait aux antichambres muettes. »

— **d'une complétive**

Ex. : « Il me semble qu'avec quatre cents francs je pourrais arriver. »

— **d'un groupe infinitif**

Ex. : « J'aimerais presque mieux ne pas aller à cette soirée. »

Attention : certains verbes n'admettent pas les trois constructions.

1. Classez les verbes de la liste suivante selon qu'ils admettent ou non les trois constructions :

s'imaginer - penser - songer - croire - rêver - estimer.

2. Employez chacun de ces verbes dans des phrases. Le sens des verbes change-t-il selon le changement de leur construction ?

3. Le verbe *« rêver »* construit avec un groupe nominal prépositionnel peut être suivi de la préposition *« à »* ou de la préposition *« de »*.

— Quelle différence de sens percevez-vous entre ces deux constructions ?

— Utilisez ces deux constructions dans deux phrases différentes.

4. Dans le troisième et le quatrième paragraphe de **La Parure**, Maupassant utilise à plusieurs reprises l'expression : « elle songeait ». On appelle **anaphore** ce type de répétition.

— Combien de fois exactement Maupassant écrit-il: « elle songeait ? »

— Dans quelle intention utilise-t-il cette anaphore ?

— Rédigez un paragraphe contenant l'anaphore suivante : « Mon rêve ... Mon rêve ..., etc. »

Atelier d'écriture

5. Les phrases qui décrivent les rêves de Mme Loisel sont très longues et accumulatives.

— Expliquez ce **procédé rythmique**.

— Étudiez la longueur relative des groupes délimités par les / dans la phrase suivante :

« elle songeait aux dîners fins,/ aux argenteries reluisantes,/ aux tapisseries peuplant les murailles de personnages anciens et d'oiseaux étranges au milieu d'une forêt de féerie/.

— Quel caractère du rêve, l'écrivain a-t-il cherché à traduire par le mouvement particulier de cette phrase ?

— Retrouvez le même mouvement dans d'autres phrases des paragraphes 3 et 4.

— Comparez la longueur des phrases décrivant le rêve avec celle de la phrase qui ouvre le cinquième paragraphe : *« Elle n'avait pas de toilette, pas de bijoux, rien. »* Comment s'explique cette disproportion et la *rupture rythmique* qu'elle entraîne ?

— Rédigez un paragraphe dans lequel vous utiliserez des phrases accumulatives suivies d'une phrase marquant une nette rupture rythmique : vous pouvez par exemple évoquer les espoirs d'un champion avant une compétition sportive et finalement le résultat de celle-ci.

6. Étudiez la valeur du temps et du mode du verbe dans la phrase : *« Elle eût tant désiré plaire, être enviée, être séduisante et recherchée. »*

7. Dans un récit à la première ou à la troisième personne, vous racontez un grand rêve et les difficultés de sa réalisation. (Utilisez les différents procédés étudiés dans cet Atelier d'écriture.)

ILLUSIONS PERDUES

Un des thèmes dominants de la littérature du XIXe siècle est celui des illusions perdues, c'est-à-dire des rêves brisés, des espoirs vains. *La Parure* est précisément l'histoire d'**une vie gâchée**, livrée à l'aveuglement d'*un monde absurde*.

1. Quelle conception de la **femme** expose Maupassant dans la présentation de son héroïne ? Expliquez l'expression : *« les femmes n'ont point de caste ni de race... »* (l. 11).

2. Comment s'expliquent et s'expriment les *« regrets désolés »* et les rêves de Mme Loisel ? Quels sont les caractères de l'univers imaginaire dans lequel elle aimerait vivre ? Quel sens prend dès lors **le titre de la nouvelle** ?

3. Montrez comment se dessine et s'accuse **l'opposition entre Mme Loisel et son mari**. Quel effet l'écrivain tire-t-il de la juxtaposition de leurs monologues intérieurs (l. 106 et l. 115) ?

4. Montrez que le thème de **l'argent** (= économie + dépense) prend de plus en plus d'importance dans la nouvelle alors que celui du rêve perd du terrain peu à peu.

5. Montrez que la scène du choix des bijoux chez Mme Forestier marque **l'apogée des désirs** de l'héroïne. Analysez dans cet épisode le lexique des sentiments afin d'en montrer le caractère hyperbolique.

6. Étudiez l'agencement des éléments du récit qui précipitent le drame, la métamorphose que les personnages doivent subir et **l'engrenage fatal** dans lequel ils sont pris. Comparez plus précisément les deux portraits de Mme Loisel l. 177 et l. 344).

7. *« Ce qui caractérise le comportement des petites gens, c'est selon Maupassant, un constant guignon. »* Montrez en quoi cette réflexion d'Albert-Marie Schmidt (*Maupassant*, Le Seuil, 1962) s'applique à *La Parure*.

8. Montrez comment s'exprime l'**opposition des conditions** sociales dans la rencontre finale entre Mathilde Loisel et Mme Forestier.

9. Quelle dimension nouvelle prend l'histoire de Mathilde Loisel après la lecture de la **dernière phrase** ? De quelle **illusion** a été victime le lecteur ? Quel est le point de vue adopté dans la quasi-totalité de la nouvelle ? En quoi ce choix de l'écrivain contribue-t-il à tromper le lecteur ?

L'ARGENT

Il est souvent question d'**argent** dans les *Contes* de Maupassant : argent volé, argent gagné, argent légué, argent perdu...
Mais un franc dans les années 1880 n'a pas la même valeur qu'aujourd'hui. Voici un tableau des différentes monnaies utilisées au XIXe siècle (Tableau 1) ainsi qu'un tableau de quelques prix et salaires à l'époque de Maupassant (Tableau 2).

TABLEAU I : LES MONNAIES EN FRANCE AU XIXe SIÈCLE

— **Un liard :** petite monnaie de cuivre, = le quart d'un sou.

— **Un sou :** le vingtième du franc ou cinq centimes.

— **Un franc :** unité légale de la monnaie depuis la Révolution française.

— **Une livre :** un franc quand on parle de revenus (ex. : vingt mille livres de rente).

— **Une pistole :** monnaie de compte valant dix livres.

— **Un louis :** monnaie d'or valant vingt francs (en 1880).

TABLEAU 2 : PRIX ET SALAIRES VERS 1880

— **Salaire journalier du manœuvre de province en 1880 : 2,60 F.**

— **Salaire annuel total courant de l'ouvrier professionnel à Paris en 1875 : 2 500 F. (Salaire mensuel : moins de 300 F.)**

— **Prix du kg de pain de blé à Paris en 1880 : 0,42 F.**

— **Prix du kg de sucre en 1875 : 1,60 F (= près de huit fois le salaire horaire de référence !)**

— **Prix de la douzaine d'œufs en 1875 : 1,10 F.**

— **Prix du louis d'or en 1880 : 20 F (en avril 1986 : 550 F environ).**

D'après J. Fourastié, *Pouvoir d'achat, prix et salaire.* (Gallimard)

DOSSIER

CENDRILLON

Dans La Parure, Maupassant reprend l'histoire de Cendrillon, une jeune fille pauvre qui rêve d'aller au bal (Extrait I). Mais l'écrivain n'a pas donné à son héroïne, Mme Loisel, une bonne marraine comme dans le conte de Perrault. Mathilde ressemble plutôt à une autre « Cendrillon » : Emma Bovary qui, elle aussi, s'apprête pour aller danser et trouvera dans la danse une suprême illusion (Extrait 2) celle d'un bonheur terriblement éphémère.

Extrait 1

Enfin l'heureux jour arriva, on partit, et Cendrillon les suivit des yeux le plus longtemps qu'elle put ; lorsqu'elle ne les vit plus, elle se mit à pleurer. Sa marraine, qui la vit tout en pleurs, lui demanda ce qu'elle avait. « Je voudrais bien... je voudrais bien... » Elle pleurait si fort qu'elle ne put achever. Sa Marraine, qui était Fée, lui dit : « Tu voudrais bien aller au Bal, n'est-ce pas ? — Hélas oui, dit Cendrillon en soupirant. — Hé bien, seras-tu bonne fille ? dit sa Marraine, je t'y ferai aller. » Elle la mena dans sa chambre, et lui dit « Va dans le jardin et apporte-moi une citrouille. » Cendrillon alla aussitôt cueillir la plus belle qu'elle put trouver, et la porta à sa Marraine, ne pouvant deviner comment cette citrouille la pourrait faire aller au Bal. Sa Marraine la creusa, et n'ayant laissé que l'écorce, la frappa de sa baguette, et la citrouille fut aussitôt changée en un beau carrosse tout doré. Ensuite elle alla regarder dans sa souricière, où elle trouva six souris toutes en vies ; elle dit à Cendrillon de lever un peu la trappe de la souricière, et à chaque souris qui sortait, elle lui donnait un coup de sa baguette, et la souris était aussitôt changée en un beau cheval ; ce qui fit un bel attelage de six chevaux, d'un beau gris de souris pommelé. Comme elle était en peine de quoi elle ferait un Cocher : « Je vais voir, dit Cendrillon, s'il n'y a point quelque rat dans la ratière, nous en ferons un Cocher. — Tu as raison, dit sa Marraine, va voir. » Cendrillon lui apporta la ratière, où il y avait trois gros rats. La Fée en prit un d'entre les trois, à cause de sa maîtresse barbe, et l'ayant touché, il fut changé en un gros Cocher, qui avait une des plus belles moustaches qu'on ait jamais vues. Ensuite elle lui dit : « Va dans le jardin, tu y trouveras six lézards derrière l'arrosoir, apporte-les-moi. » Elle ne les eut pas plus tôt apportés que la Marraine les changea en six Laquais, qui montèrent aussitôt derrière le carrosse avec leurs habits chamarrés, et qui s'y tenaient attachés, comme s'ils n'eussent fait autre chose toute leur vie. La Fée dit alors à Cendrillon : « Hé bien, voilà de quoi aller au bal, n'es-tu pas bien aise ? — Oui, mais est-ce que j'irai comme cela avec mes vilains habits ? » Sa Marraine ne fit que la toucher avec sa baguette, et en même temps ses habits furent changés en des habits de drap d'or et d'argent tout chamarrés de pierreries ; elle lui donna ensuite une paire de pantoufles de vair, les plus jolies du monde. Quand elle fut ainsi parée, elle monta en carrosse ; mais sa Marraine lui recommanda sur toutes choses de ne pas passer minuit, l'avertissant que si elle demeurait au Bal un moment davantage, son carosse redeviendrait citrouille, ses chevaux des souris, ses laquais des lézards, et que ses vieux habits reprendraient leur première forme. Elle promit à sa marraine qu'elle ne manquerait pas de sortir du bal avant minuit. Elle part, ne se sentant pas de joie. Le Fils du Roi, qu'on alla avertir qu'il venait d'arriver une grande Princesse qu'on ne connaissait point, courut la recevoir ; il lui donna la main à la descente du carrosse, et la mena dans la salle où était la compagnie. Il se fit alors un grand silence ; on cessa de danser, et les violons ne jouèrent plus, tant on était attentif à contempler les grandes beautés de cette inconnue.

Charles Perrault, *Contes, « Cendrillon »,* 1697

Extrait 2

Les dames, ensuite, montèrent dans leurs chambres s'apprêter pour le bal.

Emma fit sa toilette avec la conscience méticuleuse d'une actrice à son début. Elle disposa ses cheveux d'après les recommandations du coiffeur, et elle entra dans sa robe de barège, étalée sur le lit. Le pantalon de Charles le serrait au ventre.

— Les sous-pieds vont me gêner pour danser, dit-il.

— Danser ? reprit Emma.

— Oui !

— Mais tu as perdu la tête ! on se moquerait de toi, reste à ta place. D'ailleurs, c'est plus convenable pour un médecin, ajouta-t-elle.

Charles se tut. Il marchait de long en large, attendant qu'Emma fût habillée.

Il la voyait par-derrière, dans la glace, entre deux flambeaux. Ses yeux noirs semblaient plus noirs. Ses bandeaux, doucement bombés vers les oreilles, luisaient d'un éclat bleu ; une rose à son chignon tremblait sur une tige mobile, avec des gouttes d'eau factices au bout de ses feuilles. Elle avait une robe de safran pâle, relevée par trois bouquets de roses pompon mêlées de verdure.

Charles vint l'embrasser sur l'épaule.

— Laisse-moi ! dit-elle, tu me chiffonnes.

On entendit une ritournelle de vio-

lon et les sons d'un cor. Elle descendit l'escalier, se retenant de courir. Les quadrilles étaient commencés. Il arrivait du monde. On se poussait. Elle se plaça près de la porte, sur une banquette.
Quand la contredanse fut finie, le parquet resta libre pour les groupes d'hommes causant debout et les domestiques en livrée qui apportaient de grands plateaux. Sur la ligne des femmes assises, les éventails peints s'agitaient, les bouquets cachaient à demi le sourire des visages et les flacons à bouchon d'or tournaient dans des mains entr'ouvertes dont les gants blancs marquaient la forme des ongles et serraient la chair au poignet. Les garnitures de dentelles, les broches de diamants, les bracelets à médaillon frissonnaient aux corsages, scintillaient aux poitrines, bruissaient sur les bras nus. Les chevelures, bien collées sur les fronts et tordues à la nuque, en couronnes, en grappes ou en rameaux, des myosotis, du jasmin, des fleurs de grenadier, des épis ou des bluets. Pacifiques à leurs places, des mères à figure renfrognée portaient des turbans rouges.
Le cœur d'Emma lui battit un peu lorsque, son cavalier la tenant par le bout des doigts, elle vint se mettre en ligne et attendit le coup d'archet pour partir.

Gustave Flaubert, *Mme Bovary* (Ire p. 8). 1857.

CONTES CROISÉS

Retrouvez dans cette grille, les onze contes rassemblés dans le présent recueil, sans vous reporter à la table des matières.

Réponse p. 194.

INDEX DES NOMS D'AUTEURS

INDEX DES ŒUVRES CITÉES

(Les chiffres renvoient aux pages. Nous avons inclus dans cet index les contes de Maupassant recueillis dans ce livre).

Solution de la p. 191.

TABLE DES MATIÈRES

UNE PRODUCTION LOUIS MAGNARD

MISE EN SCENE ET REALISEE PAR LE STUDIO 115
AVEC
POUR LA CONCEPTION GRAPHIQUE ET LA COUVERTURE DE l'OUVRAGE LE STUDIO 115
A LA PHOTOCOMPOSITION, AU LABORATOIRE ET AU MONTAGE PARIS PHOTOCOMPO
ET TOUT PARTICULIEREMENT ANAÏK BROUSSINE
AVEC
PIERRE LEBON RELECTEUR
ET
I.M.E. A L'IMPRESSION

I.M.E. - 25-Baume-les-Dames -Dépôt légal Mai 1988 - N° éditeur 7610